DOCÊNCIA em FORMAÇÃO
Educação Infantil

Coordenação
Selma Garrido Pimenta

© 2023 by Simone do Nascimento Nogueira

© **Direitos de publicação**
CORTEZ EDITORA
Rua Monte Alegre, 1074 – Perdizes
05014-001 – São Paulo – SP
Tel.: (11) 3864-0111
editorial@cortezeditora.com.br
www.cortezeditora.com.br

Fundador
José Xavier Cortez

Direção Editorial
Miriam Cortez

Assistente Editorial
Gabriela Orlando Zeppone

Preparação
Agnaldo Alves

Revisão
Alessandra Biral
Tuca Dantas

Edição de Arte
Mauricio Rindeika Seolin

Obra em conformidade ao
Novo Acordo Ortográfico da Língua Portuguesa

Dados Internacionais de Catalogação na Publicação (CIP)
(Câmara Brasileira do Livro, SP, Brasil)

Nogueira, Simone do Nascimento
  Educação infantil: a escuta pedagógica na formação de professores / Simone do Nascimento Nogueira. – 1. ed. – São Paulo: Cortez, 2023. – (Coleção docência em formação : educação infantil / coordenação Selma Garrido Pimenta)

  Bibliografia.
  ISBN 978-65-5555-432-8
  1. BNCC - Base Nacional Comum Curricular 2. Educação infantil 3. Pedagogia 4. Pesquisa educacional 5. Prática de ensino 6. Professores – Formação I. Pimenta, Selma Garrido. II. Título. III. Série.

23-172568   CDD-370.71

Índices para catálogo sistemático:

1. Educação infantil: Professores: Formação: Educação 370.71

Cibele Maria Dias – Bibliotecária – CRB-8/9427

Impresso no Brasil – outubro de 2023

Simone do Nascimento Nogueira

Educação Infantil

A escuta pedagógica na formação de professores

Dedico este livro a meu marido e meu filho, Marcelo e Rafael Antônio, pela escuta amorosa que me acolhe, anima e impulsiona a sonhar e agir por uma educação humanizada. A Edite, minha mãe, que me ensinou a amar os livros.

1ª edição
2023

Agradecimentos

Primeiramente, agradeço aos professores que aceitaram o convite para participar da pesquisa de campo que desenvolvi na minha pesquisa de doutorado em educação, que resultou neste livro. Juntos escutamos as crianças e nos escutamos, coletivamente aprendemos pesquisando, vivendo a pesquisa no cotidiano da escola. Construímos conhecimentos, nos fortalecemos e vimos que podemos fazer a diferença na vida das crianças, jovens e adultos, escutando-os pedagogicamente. Obrigada.

Agradeço especialmente à minha família e amigos, pelas palavras de incentivo e afeto.

Agradeço a todas as crianças, jovens e adultos com os quais convivi nos espaços em que me constituí professora, coordenadora pedagógica e pesquisadora educacional. Vocês me mostraram cotidianamente o quanto a escuta é vital para a construção de uma educação humanizada, libertadora e emancipatória.

Agradeço à Profa. Dra. Maria Amélia do Rosário Santoro Franco, pelo respeito, liberdade e apoio na orientação da pesquisa de doutorado que resultou neste livro.

Agradeço à Profa. Dra. Selma Garrido Pimenta, por toda atenção a mim dedicada, e pela forma crítica e amorosa com que acolheu a escuta pedagógica, para que se tornasse livro.

Agradeço ainda à Secretaria de Educação Municipal de Cubatão, instituição em que atuei como coordenadora pedagógica, e que apoiou meus estudos na pós-graduação e a pesquisa de campo que culminou neste livro.

Sumário

Aos professores..7
Apresentação da coleção 9
Prefácio 17
Primeiras palavras 21

Capítulo I   Escuta pedagógica: construindo
diálogos com teóricos, pesquisadores
e professores 27
        1. Escutar e ouvir, qual a diferença?...............28
            1.1. Pesquisa-ação: escuta, pesquisa e
            protagonismo docente 31
            1.2. Um pouco do percurso histórico e das
            características da pesquisa-ação 32
        2. Afinal, o que representa qualificar
        a escuta como pedagógica?
        O que é a escuta pedagógica? 38

Capítulo II   A escuta – percursos de vida e profissão....63
        1. Diálogos entre o passado e o presente 64
            1.1. Fomos ou somos escutados? 64
            1.2. Registros que falam por si sós..................72
        2. Formação docente, qual sua relação
        com a escuta? 78
            2.1. Formação docente e Educação Infantil –
            diálogo entre passado e presente 79
        3. A Base Nacional Comum Curricular
        de Formação Inicial – o que ela
        nos apresenta de novo? 88

4. Educação Infantil –
espaço de silêncio ou de voz? 99
    4.1. A Base Nacional Comum Curricular
de Educação Infantil – a escuta como
competência, será esse o caminho?................103

Capítulo III   A escuta se constituindo pedagógica ...111
    1. Escuta, pesquisa e protagonismo docente ...112
    2. Tempo de escutar – situações e espaços
de direito para a escuta pedagógica 130
    3. Descobertas, surpresas, frustrações e
ressignificação da prática docente. Escutar
pedagogicamente para ensinar, aprender,
humanizar e democratizar a escola 136

Palavras finais 151
Referências 161

AOS PROFESSORES

A **Cortez Editora** tem a satisfação de trazer ao público brasileiro, particularmente aos estudantes e profissionais da área educacional, a **Coleção Docência em Formação**, destinada a subsidiar a formação inicial de professores e a formação contínua daqueles que se encontram no exercício da docência.

Resultado de reflexões, pesquisas e experiências de vários professores especialistas de todo o Brasil, a Coleção propõe uma integração entre a produção acadêmica e o trabalho nas escolas. Configura um projeto inédito no mercado editorial brasileiro, por abarcar a formação de professores para todos os níveis de escolaridade: a Educação Básica (incluindo a Educação Infantil, o Ensino Fundamental e o Ensino Médio) e a Educação Superior; a Educação de Jovens e Adultos e a Educação Profissional. Completa essa formação com as problemáticas transversais e com os saberes pedagógicos.

Com mais de 38 anos de experiência e reconhecimento, a Cortez é uma referência no Brasil, nos demais países latino-americanos e em Portugal, pela coerência de sua linha editorial e atualidade dos temas que publica, especialmente na área da educação, entre outras. É com orgulho e satisfação que lançamos esta coleção, pois estamos convencidos de que representa novo e valioso impulso e colaboração ao pensamento pedagógico e à valorização do trabalho dos professores na direção de uma melhoria da qualidade social da escolaridade.

Mara Cortez, Miriam Cortez e Márcia Cortez
Diretoras

Apresentação da Coleção

A **Coleção Docência em Formação** tem por objetivo oferecer aos professores em processo de formação, e aos que já atuam como profissionais da Educação, subsídios formativos que levem em conta as novas diretrizes curriculares, buscando atender, de modo criativo e crítico, às transformações introduzidas no sistema nacional de ensino pela Lei de Diretrizes e Bases da Educação Nacional, de 1996. Sem desconhecer a importância desse documento como referência legal, a proposta desta Coleção identifica seus avanços e seus recuos e assume como compromisso maior buscar uma efetiva interferência na realidade educacional por meio do processo de ensino e de aprendizagem, núcleo básico do trabalho docente. Seu propósito é, pois, fornecer aos docentes e alunos das diversas modalidades dos cursos de formação de professores (Licenciaturas) e aos docentes em exercício, livros de referência para sua preparação científica, técnica e pedagógica. Os livros contêm subsídios formativos relacionados ao campo dos saberes pedagógicos, bem como ao campo dos saberes relacionados aos conhecimentos especializados das áreas de formação profissional.

A proposta da Coleção parte de uma concepção orgânica e intencional de educação e de formação de seus profissionais, e com clareza do que se pretende formar para atuar no contexto da sociedade brasileira contemporânea, marcada por determinações históricas específicas.

Como bem mostram estudos e pesquisas recentes na área, os professores são profissionais essenciais nos processos de mudanças das sociedades. Se forem deixados à margem, as decisões pedagógicas e curriculares alheias, por mais interessantes que possam parecer, não se efetivam, não gerando efeitos sobre o social. Por isso, é preciso investir na formação e no desenvolvimento profissional dos professores.

Na sociedade contemporânea, as rápidas transformações no mundo do trabalho, o avanço tecnológico configurando a sociedade virtual e os meios de informação e comunicação incidem com bastante força na escola, aumentando os desafios para torná-la uma conquista democrática efetiva. Transformar as escolas em suas práticas e culturas tradicionais e burocráticas que, por intermédio da retenção e da evasão, acentuam a exclusão social, não é tarefa simples nem para poucos. O desafio é educar as crianças e os jovens, propiciando-lhes um desenvolvimento humano, cultural, científico e tecnológico, de modo que adquiram condições para fazer frente às exigências do mundo contemporâneo. Tal objetivo exige esforço constante do coletivo da escola – diretores, professores, funcionários e pais de alunos – dos sindicatos, dos governantes e de outros grupos sociais organizados.

Não se ignora que esse desafio precisa ser prioritariamente enfrentado no campo das políticas públicas. Todavia, não é menos certo que os professores são profissionais essenciais na construção dessa nova escola. Nas últimas décadas, diferentes países realizaram grandes investimentos na área da formação e desenvolvimento profissional de professores visando essa finalidade. Os professores contribuem com seus saberes, seus valores, suas experiências nessa complexa tarefa de melhorar a qualidade social da escolarização.

Entendendo que a democratização do ensino passa pelos professores, por sua formação, por sua valorização profissional e por suas condições de trabalho, pesquisadores têm apontado para a importância do investimento no seu desenvolvimento profissional, que envolve formação inicial e continuada, articulada a um processo de valorização identitária e profissional dos professores. Identidade que é epistemológica, ou seja, que reconhece a docência como um campo de conhecimentos específicos configurados em quatro grandes conjuntos, a saber:

1. conteúdos das diversas áreas do saber e do ensino, ou seja, das ciências humanas e naturais, da cultura e das artes;
2. conteúdos didático-pedagógicos, diretamente relacionados ao campo da prática profissional;
3. conteúdos relacionados a saberes pedagógicos mais amplos do campo teórico da educação;
4. conteúdos ligados à explicitação do sentido da existência humana individual, com sensibilidade pessoal e social.

Vale ressaltar que identidade que é profissional, ou seja, a docência, constitui um campo específico de intervenção profissional na prática social. E, como tal, ele deve ser valorizado em seus salários e demais condições de exercício nas escolas.

O desenvolvimento profissional dos professores tem-se constituído em objetivo de propostas educacionais que valorizam a sua formação não mais fundamentada na racionalidade técnica, que os considera como meros executores de decisões alheias, mas em uma perspectiva que reconhece sua capacidade de decidir. Ao confrontar suas ações cotidianas com as produções teóricas, impõe-se rever suas práticas e as teorias que as informam, pesquisando a prática e produzindo novos conhecimentos para a teoria e a prática de ensinar. Assim, as transformações das práticas docentes só se efetivam à medida que o professor *amplia sua consciência sobre a própria prática*, a de sala de aula e a da escola como um todo, o que pressupõe os conhecimentos teóricos e críticos sobre a realidade. Tais propostas enfatizam que os professores colaboram para transformar as escolas em termos de gestão, currículos, organização, projetos educacionais, formas de trabalho pedagógico. Reformas gestadas nas instituições, sem tomar os professores como parceiros/autores, não transformam a escola na direção da qualidade social. Em consequência, *valorizar o trabalho docente significa dotar os professores de perspectivas de análise que os ajudem a compreender os contextos históricos, sociais, culturais, organizacionais nos quais se dá sua atividade docente.*

Na sociedade brasileira contemporânea, novas exigências estão postas ao trabalho dos professores. No colapso das antigas certezas morais, cobra-se deles que cumpram funções da família e de outras instâncias sociais; que respondam à necessidade de afeto dos alunos; que resolvam os problemas da violência, das drogas e da indisciplina; que preparem melhor os alunos nos conteúdos das matemáticas, das ciências e da tecnologia, tendo em vista colocá-los em melhores condições para enfrentarem a competitividade; que restaurem a importância dos conhecimentos na perda de credibilidade das certezas científicas; que sejam os regeneradores das culturas/identidades perdidas com as desigualdades/diferenças culturais; que gestionem as escolas com economia cada vez mais frugal; que trabalhem coletivamente em escolas com horários cada vez mais fragmentados. Em que pese a importância dessas demandas, não se pode exigir que os professores individualmente considerados façam frente a elas. Espera-se, sim, que coletivamente apontem caminhos institucionais a seu enfrentamento.

É nesse contexto complexo, contraditório, carregado de conflitos de valor e de interpretações, que se faz necessário ressignificar a identidade do professor. O ensino, atividade característica do professor, é uma prática social complexa, carregada de conflitos de valor e que exige opções éticas e políticas. Ser professor requer saberes e conhecimentos científicos, pedagógicos, educacionais, sensibilidade da experiência, indagação teórica e criatividade para fazer frente às situações únicas, ambíguas, incertas, conflitivas e, por vezes, violentas, das situações de ensino, nos contextos escolares e não escolares. É da natureza da atividade docente proceder à mediação reflexiva e crítica entre as transformações sociais concretas e a formação humana dos alunos, questionando os modos de pensar, sentir, agir e de produzir e distribuir conhecimentos na sociedade.

Problematizando e analisando as situações da prática social de ensinar, o professor incorpora o conhecimento elaborado, das ciências, das artes, da filosofia, da pedagogia e das ciências da educação, como ferramentas para a compreensão e proposição do real. A Coleção investe, pois, na perspectiva que valoriza a capacidade de decidir dos professores. Assim, discutir os temas que perpassam seu cotidiano nas escolas – projeto pedagógico, autonomia, identidade e profissionalidade dos professores, violência, cultura, religiosidade, a importância do conhecimento e da informação na sociedade contemporânea, a ação coletiva e interdisciplinar, as questões de gênero, o papel do sindicato na formação, entre outros –, articulados aos contextos institucionais, às políticas públicas e confrontados com experiências de outros contextos escolares e com as teorias, é o caminho a que a **Coleção Docência em Formação** se propõe.

Os livros que a compõem apresentam um tratamento teórico-metodológico pautado em três premissas: há uma estreita vinculação entre os conteúdos científicos e os pedagógicos; o conhecimento se produz de forma construtiva e existe uma íntima articulação entre teoria e prática.

Assim, de um lado, impõe-se considerar que a atividade profissional de todo professor possui uma natureza pedagógica, isto é, vincula-se a objetivos educativos de formação humana e a processos metodológicos e organizacionais de transmissão e apropriação de saberes e modos de ação. O trabalho docente está impregnado de intencionalidade, pois visa a formação humana por meio de conteúdos e habilidades de pensamento e ação, implicando escolhas, valores, compromissos éticos. O que significa introduzir objetivos explícitos de natureza conceitual, procedimental e valorativa em relação aos conteúdos da matéria que se ensina; transformar o saber científico ou tecnológico em conteúdos formativos; selecionar e organizar conteúdos de acordo com critérios lógicos e psicológicos em função das características dos alunos e das finalidades do ensino; utilizar métodos e procedimentos de ensino específicos inserindo-se em uma estrutura organizacional em que participa das decisões e das ações coletivas. Por isso, para ensinar, o professor necessita de conhecimentos e práticas que ultrapassem o campo de sua especialidade.

De outro ponto de vista, é preciso levar em conta que todo conteúdo de saber é resultado de um processo de construção de conhecimento. Por isso, dominar conhecimentos não se refere apenas à apropriação de dados objetivos pré-elaborados, produtos prontos do saber acumulado. Mais do que dominar os produtos, interessa que os alunos compreendam que estes são resultantes de um processo de investigação humana. Assim, trabalhar o conhecimento no processo formativo dos alunos significa proceder à mediação entre os significados do saber no mundo atual e aqueles dos contextos nos quais foram produzidos. Significa explicitar os nexos entre a atividade de pesquisa e seus resultados, portanto, instrumentalizar os alunos no próprio processo de pesquisar.

Na formação de professores, os currículos devem configurar a pesquisa como princípio cognitivo, investigando com os alunos a realidade escolar, desenvolvendo neles essa atitude investigativa em suas atividades profissionais e assim configurando a pesquisa também como princípio formativo na docência.

Além disso, é no âmbito do processo educativo que mais íntima se afirma a relação entre a teoria e a prática. Em sua essência, a educação é uma prática, mas uma prática intrinsecamente intencionalizada pela teoria. Decorre dessa condição a atribuição de um lugar central ao estágio, no processo da formação do professor. Entendendo que o estágio é constituinte de todas as disciplinas percorrendo o processo formativo desde seu início, os livros da Coleção sugerem várias modalidades de articulação direta com as escolas e demais instâncias nas quais os professores atuarão, apresentando formas de estudo, análise e problematização dos saberes nelas praticados. O estágio também pode ser realizado como espaço de projetos interdisciplinares, ampliando a compreensão e o conhecimento da realidade profissional de ensinar. As experiências docentes dos alunos que já atuam no Magistério, como também daqueles que participam da formação continuada, devem ser valorizadas como referências importantes para serem discutidas e refletidas nas aulas.

Considerando que a relação entre as instituições formadoras e as escolas pode se constituir em espaço de formação contínua para os professores das escolas assim como para os formadores, os livros sugerem a realização de projetos conjuntos entre ambas. Essa relação com o campo profissional poderá propiciar ao aluno em formação oportunidade para rever e aprimorar sua escolha pelo Magistério.

Para subsidiar a formação inicial e continuada dos professores onde quer que se realizem: nos cursos de licenciatura, de pedagogia e de pós-graduação, em universidades, faculdades isoladas, centros universitários e Ensino Médio, a Coleção está estruturada nas seguintes séries:

Educação Infantil: profissionais de creche e pré-escola.

Ensino Fundamental: professores do 1º ao 5º ano e do 6º ao 9º ano.

Ensino Médio: professores do Ensino Médio.

Ensino Superior: professores do Ensino Superior.

Educação de Jovens e Adultos: professores de jovens e adultos em cursos especiais.

Saberes pedagógicos e formação de professores.

Em síntese, a elaboração dos livros da Coleção pauta-se nas seguintes perspectivas: investir no conceito de *desenvolvimento profissional*, superando a visão dicotômica de formação inicial e de formação continuada; investir em sólida formação teórica nos campos que constituem os saberes da docência; considerar a formação voltada para a profissionalidade docente e para a construção da identidade de professor; tomar a pesquisa como componente essencial da/na formação; considerar a prática social concreta da educação como objeto de reflexão/formação ao longo do processo formativo; assumir a visão de totalidade do processo escolar/educacional em sua inserção no contexto sociocultural; valorizar a docência como atividade intelectual, crítica e reflexiva; considerar a ética como fator fundamental na formação e na atuação docente.

Selma Garrido Pimenta
Coordenadora

Prefácio

Pelo menos, duas questões são fundamentais quando se trata da educação brasileira: a formação de professores e a educação da infância. Há pelo menos três décadas as pesquisas têm enfatizado a necessidade de transformações profundas nos processos formativos, tanto dos docentes quanto do início da escolaridade, a Educação Infantil, raiz de toda a educação básica.

Neste livro, a autora Simone Nogueira tem a ousadia de enfrentar estes dois problemas: o da formação de professores em serviço e o da prática docente com crianças pequenas.

É um trabalho instigante e bastante revelador, resultado de pesquisa que realizou no doutorado, sob minha orientação. No entanto, essa pesquisa já vinha se tecendo desde seu mestrado e de décadas em que esteve trabalhando como coordenadora pedagógica e docente de escolas públicas.

Neste livro, Simone extrai de sua prática e de suas pesquisas compreensões refinadas que reiteram a importância da autonomia do professor, do coletivo de professores e, fundamentalmente, da presença da escuta e do diálogo tecerem o cotidiano das práticas pedagógicas.

Seu olhar foca a criança pequena, a criança de 4 a 5 anos, em início da escolaridade, fase em que, normalmente, surgem muitos sonhos e muita expectativa com a escola. Crianças nessa faixa etária costumam (podem) ser espontâneas e criativas. No entanto, os professores, muitas vezes, premidos por condições burocráticas e/ou opressoras, têm dificuldade de perceber essa criança, em sua plenitude e sua potencialidade, ou seja, repleta de necessidades e possibilidades afetivas, emocionais, criativas.

Por que os professores têm dificuldades em escutá-las ou dialogar com elas? Talvez por uma precária formação; talvez pela pressão da lógica neoliberal que só opera pelos resultados e não valoriza os processos de formação; talvez por uma rotina burocrática que exige do professor apenas o fazer e não lhe proporciona espaços de sentir e pensar, não lhe proporciona o tempo/espaço fundamental para a escuta.

Simone percebe a não escuta e identifica a angústia do docente em querer ser mais para seus alunos. Então, investe pedagogicamente neste pequeno espaço de possibilidade: vamos aprender a escutar pedagogicamente a criança?

A autora lança mão da pesquisa-ação para esta tarefa. Ou pesquisa-ação pedagógica como eu a chamo. Uma pesquisa que, em vez de trabalhar sobre os professores, trabalha com os professores e, sucessivamente, em vez de os professores trabalharem sobre as crianças, eles gradativamente consigam trabalhar com as crianças.

O instrumento para essa virada epistemológica, que transforma a prática e a metodologia da pesquisa em práticas participativas, se fará pela escuta, que se torna pedagógica, isto é, por ter uma intencionalidade formativa, vai além do simples ouvir.

Pude acompanhar as inúmeras sessões de pesquisa-ação conduzidas por Simone, a fim de estruturar um coletivo pesquisador. Sim, os professores se fizeram pesquisadores e se tornaram um "nós", que foi fortalecendo os vínculos do professor com a própria formação.

Como os professores começaram a escutar as crianças?

Antes de tudo, é preciso um tempo de se perceber, um tempo de se conhecer, um tempo em que a pesquisadora escuta os professores, suas queixas e expectativas!

É preciso um tempo para observar, um tempo de sentir as crianças e o cotidiano das práticas pedagógicas.

É preciso também um tempo para conhecer algumas teorias, um tempo para olhar dentro de si, um tempo para surgirem esperanças de esperançar.

Aos poucos, os docentes começam a observar mais as crianças e, de repente, passam a ouvi-las e depois escutá-las. Escutas que dão sentido àquilo que olhos viram. Posso ouvir e não escutar. Escutar é mais complexo, mais mobilizador! Escutar crianças é lhes dar a voz, é tratá-las como pessoas, é considerar suas especificidades. E, acima de tudo, observar, valorizar e favorecer sua autonomia.

O trabalho de Simone colocou a escuta como práxis de formação de professores. Uma práxis que aposta na possibilidade da autoformação que produz a construção de novas convicções e de novas compreensões da realidade escolar. Uma práxis que acredita na formação que se faz pelo mergulho crítico na realidade; que se faz de dentro para fora, entre sujeitos em diálogo. O saber pedagógico do professor só pode se constituir a partir do próprio sujeito que, aos poucos, vai se constituindo como alguém capaz de construção e de mobilização de saberes.

O trabalho de Simone faz isto: articula a prática docente à prática de formação, por meio da pesquisa que se faz pela escuta pedagógica.

É um livro que deve ser lido por todos aqueles que estão no exercício da prática pedagógica. Tanto ajudará os professores como também os pais e educadores em geral.

Por certo, os leitores já compreenderam que o trabalho de Simone é inovador e necessário. Propõe uma profunda mudança na maneira de reconhecer a infância como dotada de saberes e de delicadezas que precisam ser compreendidas. Propõe também uma radical transformação nas práticas de formação continuada de docentes.

É um livro delicado, que realça a importância da infância e valoriza a prática docente comprometida e articulada criticamente.

Convido o leitor à escuta do livro!

Profa. Dra. Maria Amélia Santoro Franco
São Paulo, julho de 2023

Primeiras palavras

É preciso e até urgente que a escola vá se tornando um espaço acolhedor e multiplicador de certos gostos democráticos como o de ouvir os outros, não por puro favor, mas por dever, o de respeitá-los, o da tolerância, o do acatamento às decisões tomadas pela maioria a que não falte, contudo, o direito a quem diverge de exprimir sua contrariedade
(FREIRE, 2012, p. 92).

Com o propósito de dialogar sobre os conhecimentos construídos a respeito da escuta das crianças com os professores e com todos aqueles que estão inseridos e envolvidos em contextos em que a educação acontece, é que apresento este livro. Falo a todos os profissionais da educação que, como eu, conhecem a realidade escolar brasileira e sabem que há muitos desafios a serem superados para que possamos ver a escola se transformar em um espaço acolhedor, no qual ouvir os outros represente um ato democrático, conforme defendeu Paulo Freire. Há muitas barreiras a derrubar para que as transformações necessárias aconteçam, e nesta direção acredito que a *escuta pedagógica*, tal como apresento, pode contribuir para mudanças positivas nos espaços escolares e educativos.

Compreender a importância de um conhecimento como a escuta, para atuar junto a crianças, jovens, adolescentes e adultos, mostra-se hoje imprescindível. Nesta segunda década do século XXI, escutar, quando há movimentos que objetivam nos silenciar e tirar de cena o contraditório, representa a rebeldia e a utopia presentes na pedagogia freiriana. A primeira entendida como uma tentativa constante de mudar a realidade para melhor, e a segunda, como um sonho possível de ser atingido, que nos anima, nos faz esperançar e acreditar que é possível mudar.

Foi a pedagogia crítica freiriana, que traz na sua essência princípios humanizadores, libertadores, democráticos e emancipatórios, assumindo o compromisso de lutar contra toda forma de desumanização a que crianças, jovens e adultos possam estar submetidos, que fundamentou a pesquisa que resultou nos conhecimentos sobre a escuta pedagógica. Considero urgente estudarmos a obra de Paulo Freire, aproximando os saberes da pedagogia crítica tanto da formação docente como da realidade das nossas escolas, a partir de processos de ensino que priorizem a formação humana dos nossos educandos e professores, pois, além de, no cenário da educação nacional, convivermos com as marcas de um percurso silenciador da educação, nos últimos anos vivenciamos episódios que objetivaram nos oprimir, prejudicando os avanços alcançados e contribuindo para a permanência do silenciamento existente.

Tivemos que lidar com propostas conservadoras, como a "Escola sem Partido" e a PEC do "Teto de Gastos". Projetos retrógrados pensados por homens eleitos pela população para legislar a favor da população. Freire (2002, p. 151) nos ajuda a compreender tais fatos: "O discurso ideológico nos ameaça de anestesiar a mente, de confundir a curiosidade, de distorcer a percepção dos fatos, das coisas, dos acontecimentos". Há um discurso convincente que para ser entendido carece de criticidade, criticidade esta que os fatos apontam que se apresenta frágil na nossa sociedade.

Mentes anestesiadas não são críticas, portanto, precisamos urgentemente adotar ações formativas que objetivem o desenvolvimento do pensamento crítico em nossas universidades, escolas e demais espaços em que a educação aconteça, pois assim poderemos agir e contribuir no enfrentamento da desinformação e do retrocesso. Para isso, há necessidade de construirmos novos conhecimentos que contribuam com a melhoria da qualidade da educação, priorizando um projeto de educação humanizadora, orientada pela escuta das vozes daqueles que dão vida ao contexto escolar, nossas crianças, jovens e adultos. A ausência da escuta resulta na não participação, na opressão e na ausência de criticidade no contexto escolar.

Objetivando contribuir com um projeto de educação humanizadora, compartilho neste livro os conhecimentos que construí em parceria com professores da escola pública, que acolheram a escuta das crianças constituindo-a pedagógica pela experiência coletiva de uma formação docente crítica, orientada pelos princípios da pedagogia freiriana, no contexto escolar.

Educação Infantil, escuta pedagógica e formação de professores: as razões que impulsionaram a pesquisa sobre a escuta na Educação Infantil pelo caminho da formação docente

Vivenciei a educação básica por mais de 25 anos. Como professora do Ensino Fundamental, Médio e Educação de Jovens e Adultos, cotidianamente observava e convivia com situações que me causavam indignação, por causa do silenciamento das vozes dos alunos adolescentes e adultos na sala de aula. A existência e a imposição de regras que buscavam controlar os corpos e as mentes em nome da disciplina sempre me provocaram descontentamento. Trabalhei em escolas onde ministrar aulas diante de uma classe silenciosa, e assim mantê-la ao longo de 50 ou 100 minutos, representava ser avaliado como um(a) bom(a) professor(a).

Na Educação de Jovens e Adultos, convivi com alunos que já traziam internalizado o silenciamento introduzido em suas mentes ao longo da escolaridade, resultado de uma educação opressora à qual foram submetidos, a educação bancária desvelada por Paulo Freire. Convidar este aluno a participar, perguntando e/ou conversando sobre o tema da aula, causava-lhes estranhamento. Estranhamento e receio que, muito lentamente, iam se rompendo à medida que, insistentemente, eu incentivava e estimulava a participação, o que ocorria mediante a quebra do silêncio a partir do pronunciamento das suas vozes inseguras em perguntar, responder, se mostrar, enfim, participar.

As realidades que eu percorria ao longo do dia como professora, às vezes em duas ou três escolas, em cidades e bairros distintos da região metropolitana da Baixada Santista, no estado de São Paulo, se diferenciavam, porém, nas relações que se estabeleciam entre adultos e crianças; o silenciamento das vozes era algo que as tornava semelhantes. As práticas docentes silenciadoras ultrapassavam as barreiras econômicas, sociais, culturais, estruturais e administrativas.

A ausência de diálogo entre professores e alunos, entre meus pares e entre as pessoas que dão existência ao contexto escolar marcava os ambientes. Posteriormente, no desempenho das minhas atividades como coordenadora pedagógica na Educação Infantil, novas problematizações surgiram, devido, novamente, à ausência de diálogo. Sua escassez desencadeou reflexões a respeito da ausência de espaços/tempos para as crianças falarem, ou melhor, para que suas vozes se fizessem presentes na rotina escolar, para que fossem ouvidas.

As vozes que predominavam, e assim ainda acontece, eram as dos adultos/docentes, ficando as vozes infantis com pouco ou nenhum espaço para sua pronúncia e, consequentemente, para a sua participação nos processos em que o professor determina, mediante o currículo preestabelecido, o que a criança precisa aprender. *Esta realidade está presente nas nossas escolas e precisamos pensar sobre ela de forma crítica.*

Na coordenação pedagógica, como a natureza do cargo demanda, buscava intervir, o que me levava a lidar com situações delicadas em que é necessário propor mudanças na prática docente, e mudar é um processo que precisa ser construído e não imposto, tampouco determinado por orientações, diretrizes ou legislações. *Há complexidade tanto no processo de elaboração de uma nova prática docente como no ato de coordenar. A práxis é complexa.*

A realidade por mim vivida, com os estudos desenvolvidos no mestrado em educação que versaram sobre a constituição da identidade profissional do coordenador pedagógico, me impulsionaram a refletir sobre quais caminhos seriam possíveis seguir para mudar uma realidade em que estão presentes práticas que silenciam as crianças para uma prática em que o docente escute a criança e considere sua fala nas suas escolhas pedagógicas.

> O conceito de práxis é compreendido nesta pesquisa sob a perspectiva freiriana, que a concebe como ação e reflexão dos homens sobre a realidade em que estão inseridos, objetivando a transformação da respectiva realidade na direção da superação da contradição opressor-oprimido (FREIRE, 2016).

> Coordenador pedagógico: uma identidade em construção. Disponível em: https://tede.unisantos.br/handle/tede/1202. Acesso em 6 out. 2023.

As possibilidades para construir conhecimentos sobre tal situação vieram por ocasião do doutorado em educação, e objetivando estudar a escuta me aprofundei nos estudos de demais pesquisadores que também se inquietaram com as dificuldades observadas na relação adulto/criança no contexto escolar, assim como em espaços não escolares em que a pedagogia alicerça a prática, e dessa forma qualifiquei a escuta intencionalmente de pedagógica. Para desenvolver os estudos necessários para experimentar a escuta com tal finalidade, recorri à pedagogia freiriana, por ter princípios estritamente civilizatórios e centralidade de seus estudos na formação docente. Logo, somente alicerçada na pedagogia crítica, a escuta poderia assim se consolidar, uma vez que as mudanças decorrem das experiências vividas; portanto, os professores precisariam ter oportunidades de refletir e experimentar novas possibilidades de pensar e agir.

Nesse sentido, optei por desenvolver uma pesquisa de campo, e a metodologia mais favorável para o propósito que estabeleci, de realizar com professores uma experiência formativa na qual refletíssemos sobre o silenciamento das crianças/alunos, foi a pesquisa-ação, na modalidade pedagógica (FRANCO, 2016), pensada prioritariamente para oportunizar a formação docente continuada. Diante dessas definições, e adotando a hipótese de que para a escuta das crianças ser significativa e promover mudanças na prática docente precisaria ser realizada com intencionalidade, defini a questão que orientou a pesquisa e oportunizou a construção de novos conhecimentos: como a *escuta pedagógica* pode contribuir para ressignificar a prática docente na Educação Infantil?

Portanto, compartilho a seguir o processo pelo qual a escuta das crianças se constituiu pedagógica, a partir da investigação da prática docente realizada em uma escola pública, por cinco professores que atuavam na Educação Infantil com crianças na faixa etária dos 4 aos 5 anos de idade, e uma pesquisadora, que mostra que é possível mudar a maneira como vemos e vivemos a nossa realidade a partir da escuta.

I

Escuta pedagógica: construindo diálogos com teóricos, pesquisadores e professores

A escola é lugar de estudar, não é lugar de conversar, por isso, senta, fica quieta, presta atenção e seja uma boa criança.
E, lembra, obedece a professora.
Quando o adulto fala, a criança cala.
(Frases da cultura popular).

Frases como essas comumente são ditas pelos pais, avós, tios e demais pessoas a quem cabe zelar e cuidar da rotina de uma criança. Até mesmo os irmãos mais velhos, ao assumirem a responsabilidade de cuidar dos mais novos, acabam por repetir as mesmas palavras. De geração para geração, o aconselhamento se consolida e perpetua. Se não forem exatamente essas palavras, outras semelhantes são compreendidas como sinônimo de uma orientação adequada e cuidadosa oferecida para as crianças, à medida que são encaminhadas para a escola.

Desde a mais tenra idade, internalizamos que na escola devemos ser obedientes, e vamos entendendo que ficar quieto, de preferência em silêncio, é um sinônimo de ter recebido uma boa educação, como também de ter sucesso nos estudos, ou seja, "ser bem comportado e silencioso" é visto como um caminho seguro para aprender. Essas colocações são importantes quando pensamos na escuta, e para pensarmos também nas nossas experiências com relação à escuta. Você, no seu percurso escolar, foi escutado? E hoje, ao exercer a docência, ou ainda, na sua formação inicial ou continuada, você vivencia experiências de escuta?

As nossas experiências do passado e do presente se confrontam constantemente no nosso processo de amadurecimento pessoal e profissional, por isso optei em iniciar nosso diálogo lhe convidando para refletir sobre sua experiência de vida no tocante à escuta, e, assim, nesse movimento reflexivo, se aproximar da experiência formativa que possibilitou humanizar a relação adulto/criança a partir da *escuta pedagógica*.

1. Escutar e ouvir, qual a diferença?

Quando pensamos em compreender as diferenças entre um conceito e uma ação, é comum imaginarmos que encontraremos significados antagônicos, que possibilitem distinguir objetivamente um do outro pela falta de semelhança. No caso de *escutar* e *ouvir*, muitas vezes empregamos os termos como se representassem a mesma ação e tivessem o mesmo sentido, porém os respectivos significados mostram as delicadezas que materializam os dois atos, permitindo-nos compreender as diferenças e aproximações entre ambos.

A palavra *ouvir* tem sua origem na língua latina, no termo *audio*, ou sua variante *audire*, que significa "ouvir através de uma fonte, perceber as ondas sonoras através do sistema auditivo". Desde que o indivíduo não seja privado desse sentido biologicamente, temos a capacidade de ouvir. *Escutar* também vem do latim, sendo sua equivalente a palavra *auscultare*, que carrega o significado de "ouvir com atenção" (DICIO, 2021).

Ao observarmos a semântica das palavras, notamos que a primeira está relacionada com nossa capacidade auditiva: ouvir refere-se ao sentido da audição. Ouvimos vários sons, mas posso não escutar todos os sons que ouço. Daí decorre a sutileza de pensarmos nas diferenças mencionadas.

Quando escutamos efetivamente algo, estamos indo além da captação de sons realizada por nosso aparelho auditivo. Escutar exige que estejamos atentos ao que ouvimos e com disponibilidade para entender o que nos propomos a ouvir. É um processo cognitivo que se dá dentro do nosso cérebro e que possibilita interpretar e compreender o que ouvimos, para que, na interação com outras pessoas, ocorra uma comunicação adequada com o outro.

Portanto, são ações que se complementam, não estão em oposição, mas ao mesmo tempo carecem de disponibilidade daquele que ouve para avançar de um estágio para outro. Para escutar, preciso me interessar pelo que estou ouvindo e me envolver com a fala do outro. Nós temos a capacidade de, em um ambiente barulhento, selecionar o que desejamos escutar. Quando estamos reunidos com outras pessoas, conversas paralelas se desenvolvem simultaneamente, e procuramos direcionar nossa audição para escutar aquilo que mais nos interessa. *Todos nós temos essa experiência.*

No contexto escolar e na rotina diária em que os professores lidam com as suas respectivas atribuições, organização do espaço e tempo na sala de aula, desenvolvimento do planejamento, avaliação e demais demandas que surgem, nas quais os docentes se envolvem pela natureza do cargo, **há espaço na rotina para a escuta?** Ou ainda: **no dia a dia da sala de aula, a escuta recebe a atenção devida por parte do professor? Dá tempo de escutar?**

Essas perguntas também estiveram presentes nas reflexões iniciais realizadas pelos docentes que investigaram a própria prática para compreender a realidade em que eles e as crianças estavam inseridos. Na organização das ideias que os reportavam à ação de escutar, os docentes intercalaram passado e presente e espontaneamente fizeram uma autoanálise.

> **Ferreira:** *Quando eu iniciei na Educação Infantil, a coordenadora da escola me falou que se eu continuasse gritando, eu não iria ter prazer na Educação Infantil. Hoje me vejo engajado neste universo, no início me senti desafiado. Hoje tenho o retorno do aluno, dizendo que a aula foi legal, isso me faz sentir realizado, eu ganho a semana quando escuto isso.*
>
> **Ruth**: *Hoje estou familiarizada, mas quando ingressei na Educação Infantil, me senti apavorada. A Educação Infantil traz afeto, paciência, hoje trabalho melhor o tom da voz.*
>
> **Lúcia**: *Hoje eu entro no universo da criança, antes parecia que estava de um lado e a criança de outro, hoje busco entender as razões da criança, antes eu era mais autoritária.*

Os nomes FERREIRA, RUTH, LÚCIA, MAGALI e ANDREA são fictícios e foram escolhidos pelos próprios participantes da pesquisa.

Ao pensarem nas suas ações docentes, os professores trouxeram à tona elementos como a paciência, o tom da voz e a postura autoritária, que direta ou indiretamente eles relacionaram com a escuta, ou melhor, com a ausência da escuta no conjunto do trabalho pedagógico por eles desenvolvido. Essas reflexões contribuíram para que construíssemos caminhos investigativos para compreender a realidade escolar a partir do ponto de vista das crianças, das impressões delas com relação às suas vivências na escola.

Os docentes se aproximaram da própria prática a partir da visão do outro, da visão que a criança poderia nos apresentar a respeito dos seus professores e das atividades que lhes eram propostas na sala de aula e demais espaços escolares. *Diferentes olhares podem nos mostrar o que isolados e solitariamente não percebemos no contexto escolar. Esse foi o nosso começo!*

1.1. Pesquisa-ação: escuta, pesquisa e protagonismo docente

A pesquisa-ação foi a metodologia que oportunizou a construção de um caminho investigativo, em que cinco professores e uma pesquisadora, no contexto da Educação Infantil, experienciaram uma formação docente no lócus escola, organizada pelos princípios da pedagogia freiriana, logo orientada pela racionalidade problematizadora, em que seus participantes investigaram a própria prática, algo que os professores até aquele momento do seu percurso profissional não tinham vivenciado.

A formação trouxe para o primeiro plano o ato de pesquisar, permitindo que eles se familiarizassem com a proposta, podendo refletir e externar suas percepções nos encontros em que consistiram a pesquisa-ação, com relação à pesquisa no cotidiano da escola, ou melhor, sua ausência nesse contexto, conforme falou a professora Magali na primeira reunião do grupo: "Na escola não se fala em pesquisa. Onde se fala em pesquisa? Em laboratório, experiência de química. Na sala de aula com crianças, adolescentes, não se fala em pesquisa".

É importante destacar que essa observação só ocorreu porque houve espaço para fala e escuta dos professores e essa é uma das prerrogativas da pesquisa-ação que considera a visão de mundo, as perspectivas, os sentidos que os participantes atribuem para a realidade: "[...] a voz do sujeito fará parte da tessitura da metodologia da investigação [...] a metodologia não se faz por meio das etapas de um método, mas na organização das situações relevantes que emergem do processo" (FRANCO, 2005, p. 486).

A perspectiva crítica da pesquisa-ação assim é, devido ao seu compromisso de oportunizar aos participantes, espaço para que reflitam criticamente e aprendam juntos, como fizemos. Aprender a pesquisar pesquisando, compreendendo por esse caminho investigativo a importância da pesquisa no seu dia a dia, percebendo que ela é uma aliada na construção de conhecimentos sobre realidade educacional local e global, sobre as nossas crianças e sobre nós mesmos como profissionais da educação.

As formações descontextualizadas e distantes da realidade escolar obstaculizam e até mesmo impedem que surjam percepções quanto ao ato de pesquisar a prática, e a constituição do sentimento de valoração quanto ao que se descobre ou se cria. Essa percepção não surge de um dia para outro, ela se dá a partir de situações que vivemos e que se tornam significativas no processo de aprendizagem, e o professor precisa, pode e tem o direito de aprender. Temos o direito de vivenciar processos formativos em um contexto de *que-fazer*, de práxis, de prática e teoria (FREIRE, 2016). *É preciso, é urgente, que na formação inicial ou continuada ocorram processos que contribuam para a humanização das relações que se dão no contexto escolar, entre adultos e crianças e entre nossos pares. Há urgência na constituição de espaços formativos de escuta!*

Zeichner e Diniz-Pereira (2005), Franco (2005, 2012, 2016), Imbernón (2016), Pimenta (2012), entre outros pesquisadores, defendem que a pesquisa-ação é um poderoso procedimento para a formação do professorado. É uma metodologia que favorece a constituição do contexto de *que-fazer*. Orientada pelos princípios da participação e da colaboração, materializa-se com/em parceria com os docentes, em uma ação conjunta entre pesquisador e pesquisados, organizada a partir da realidade em que é desenvolvida, tendo como prerrogativa que todos que dela participam tenham suas ideias, crenças, dúvidas, descobertas e sugestões consideradas. Enfim, que sejam escutados na dinâmica de um processo. *Escutar e ser escutado foi prioridade no processo investigativo que realizamos coletivamente.*

1.2. Um pouco do percurso histórico e das características da pesquisa-ação

No percurso histórico da pesquisa-ação, desde sua criação por Kurt Lewin em 1946, esteve presente na sua origem a inerência entre pesquisa e ação. Ela foi concebida "[...] como um posicionamento realista da ação, sempre guiada por uma reflexão autocrítica objetiva e uma avaliação de resultados" (PEREIRA,1998, p. 162). As suas características permitiram que essa metodologia fosse considerada inovadora por causa do seu caráter participativo, democrático e de cunho social, porém isso não impediu que ela, em meados do século XX, fosse empregada no desenvolvimento de pesquisas que visavam aperfeiçoar técnicas de trabalho na área bancária, tecnológica, entre outras.

Porém, também foi utilizada com a finalidade de promover mudança política, conscientização e outorga de poder, como as desenvolvidas por Paulo Freire na década de 1970, denominadas pesquisas participantes (TRIPP, 2005), mas no campo educacional predominaram as pesquisas sustentadas por uma epistemologia positivista. O seu afastamento dessa perspectiva se deu na medida em que incorporou a dialética da realidade social e os fundamentos de uma racionalidade crítica pautada em Habermas, ocorrendo sua reaproximação da pesquisa em educação. As contribuições advindas dos estudos desenvolvidos na década de 1970 por Wilfred Carr e Stephen Kemmis foram decisivas para a pesquisa-ação ser recolocada no campo educacional (FRANCO, 2005).

Decorre desse momento a compreensão da pesquisa-ação como uma investigação autorreflexiva, que visa à compreensão, análise e transformação das próprias práticas, objetivando, sob essa perspectiva, desenvolver pesquisas que tenham como foco a formação mais crítica dos sujeitos da prática, perspectiva que redirecionou a pesquisa-ação. Nessa época, essa metodologia trazia uma proposta que se contrapunha ao papel do professor como técnico ou reprodutor de conhecimentos, assim como era desenvolvida com a clareza de que as mudanças satisfatórias na prática dependiam do desenvolvimento das capacidades de autoanálise e reflexão dos professores, sobre o contexto concreto em que tinham que desenvolver a prática dos princípios pedagógicos, uma reflexão coletiva e não uma autoavaliação resultante de uma reflexão solitária (PEREIRA, 1998).

A pesquisa-ação tem uma característica marcante, decisiva para que fosse possível afirmar que a escuta das crianças se constituiu pedagógica, que é a dinâmica das *espirais cíclicas*, assim denominada por Franco (2005, 2012). Essa etapa consiste em um processo em que os participantes, subsidiados pela teoria, elaboram compreensões sobre um problema investigado, adotam ações a partir das análises realizadas, que consideram necessárias para alterar a realidade concreta, e a partir daí novas compreensões são elaboradas, sinalizando novas demandas, reorientando ações na direção do aprimoramento da prática, originando novos problemas e retroalimentando o processo investigativo, em um movimento de ação/reflexão/ação.

A dinâmica das *espirais cíclicas* privilegia a pesquisa como caminho para a investigação da própria prática pelos docentes; a pesquisa contribui na constituição da identidade profissional docente como professor pesquisador crítico reflexivo, que, para assim se ver e atuar, precisa constituir seu saber fazer a partir do seu próprio fazer, movimento que é a base da epistemologia da prática. Pimenta (2005, p. 17) afirma que "[...] não é senão sobre essa base que o saber (docente), enquanto elaboração teórica, se constitui". Foi nesse movimento que construímos conhecimento sobre a prática e, consequentemente, sobre a escuta. Na etapa final da pesquisa-ação, a ressignificação elaborada pela professora Magali evidencia este processo.

> *Eu entendo que as nossas reuniões de formação foram muito importantes para eu validar e me questionar sobre aspectos que, a meu ver, sempre foram fundamentais na educação e na relação do professor com o aluno. É óbvio que naquele momento precisávamos direcionar uma atividade para que a gente sentisse, para que a gente vivenciasse e conseguisse começar a entender um pouco mais do que a gente escutava, e o que a gente não escutava. Precisávamos passar por aquelas fases, de fazer uma atividade programada de escuta, para começar a despertar. Nós vivenciamos etapas, começamos a escutar, gravar, escutar juntos as escutas, discutir e refletir sobre as falas; eu acho que foi válido e que tem que ser dessa forma, porque realmente é um processo e estamos construindo, e vimos que muitas coisas precisam mudar* (MAGALI).

Escolher a pesquisa-ação pedagógica foi decidir por uma metodologia que contempla, na sua dimensão ontológica, a possibilidade da construção de novos conhecimentos sobre a prática, a partir de uma investigação que tem como pressuposto a concomitância entre pesquisa e ação. A atitude investigativa adotada pelos docentes resultou na melhoria do ensino; porém, essa modalidade não objetiva apenas a mudança na prática, mas também a mudança na percepção sobre a prática, e a fala da professora descrita evidenciou isso.

> *O conceito de pesquisa-ação pedagógica [...] não se reduz a um mero procedimento de resolução de problemas práticos, mas configura-se como um meio de contribuir com a mudança de percepção do docente em relação às suas práticas. Este conceito pretende superar a concepção de colaboração, que pode configurar hierarquia desnecessária de saberes; ou seja, na pesquisa-ação somos todos coparticipantes, e não "doutores" que colaboram com os sujeitos da prática* (FRANCO, 2018, p. 20).

A vinculação entre teoria e prática foi essencial para essa mudança, com pesquisadores e práticos juntos construindo conhecimentos na direção da transformação de uma prática docente que silencia, em uma prática que, escuta pedagogicamente a criança, uma práxis transformadora.

A práxis é o lócus da pedagogia, espaço em que se dá a construção de saberes, como os relacionados à *escuta pedagógica*, que carecem, para se constituir, da conscientização dos sujeitos da prática, dos professores, que, à medida que se assumem como profissionais críticos e reflexivos, podem compreender que há a necessidade de se buscar novos modos de ensinar, como, por exemplo, modos em que a escuta da criança esteja presente. *Aprender a partir da pesquisa, esse é um caminho que precisamos fecundar no contexto escolar; os professores precisam, podem e têm o direito de aprender, logo, é fundamental que possam participar de formações que se deem pela metodologia da pesquisa-ação.*

> Acreditamos que a participação dos profissionais e, mais especificamente, dos educadores, em projetos de pesquisa-ação, ou seja, o envolvimento direto deles com o processo de produção sistemática de um saber extremamente relevante e essencial para suas práticas, pode transformá-los também em "consumidores" mais críticos do conhecimento educacional gerado nas universidades (ZEICHNER; DINIZ-PEREIRA, 2005, p. 66).

E, acrescento, mais críticos quanto às diretrizes e orientações presentes na educação nacional. Essa metodologia oferece uma possibilidade de formação docente que representa uma ação contra-hegemônica frente ao modelo praticista de formação instituída em nosso país, sustentada na pedagogia das competências. Franco e Betti (2018, p.15) entendem que "[...] a pesquisa-ação na atualidade não está sendo considerada nem como técnica, nem como um método específico de fazer pesquisa de campo, mas como uma família de práticas investigativas"; uma orientação metodológica geral e uma atitude investigativa, e foi nesta perspectiva que ela foi desenvolvida junto aos professores que investigaram a escuta das crianças.

> Pedagogia das competências tem como objetivo "dotar os indivíduos de comportamentos flexíveis que lhes permitam ajustar-se às condições de uma sociedade em que as próprias necessidades de sobrevivência não estão garantidas" (SAVIANI, 2008, p. 174).

É importante destacar que essa metodologia pode adquirir feições distintas que encaminham para diferentes tipos de mudanças, dependendo da perspectiva sob a qual for desenvolvida, portanto, é preciso que nos processos formativos haja aprofundamento quanto ao tipo de estudo que se objetiva desenvolver, para adentrar especificamente na perspectiva mais adequada para a realidade escolar.

Com o objetivo de organizar os tipos de pesquisa-ação, apresento a seguir um quadro com as descrições elaboradas por Tripp (2005) e Franco e Betti (2018), que contribuem para elucidar as características que marcam as vertentes epistemológicas dessa metodologia.

Perspectivas da pesquisa-ação

Perspectiva	Origem	Perspectiva	Objetivo
POSITIVISTA (NÃO CRÍTICA)	Americana Desenvolvida nas décadas de 1940 e 1950 por Sthephen Corey	Positivista e manipulatória Forma vigorosamente técnica, caracterizada como ação pesquisada	Treinamento de habilidades
EMANCIPATÓRIA (CRÍTICA)	Britânica Desenvolvida por Laurence Stenhouse (1994), John Elliott (1991) e Clenn Aldeman (1976)	Compreensiva Orientada para o desenvolvimento do julgamento do professor	Desenvolvimento da autonomia no processo de tomada de decisões pedagógicas
	Australiana Desenvolvida por Wilfred Carr e Stephen Kemmis (1986)	Dialética, com intenção pedagógica e formativa, orientação emancipatória e de crítica social Processos de formação desenvolvidos com base nas espirais cíclicas	Formação do professor como intelectual crítico
	Latino-americana (Brasileira) Pesquisa desenvolvida por Paulo Freire (1972) e Fals Borda (1985, 1991)	Crítica-emancipatória Colaborativa, militante	Conscientização das classes oprimidas. O foco maior está nos processos de socialização e partilha de saberes e menos na produção de conhecimento
	Brasileira Pesquisa-ação pedagógica ou pesquisa crítico-colaborativa ou pesquisa-formação desenvolvida por Maria Amélia R. S. Franco (2016) e Selma G. Pimenta (2005)	Crítico-dialética Formação contínua ou em serviço	Empoderamento profissional, na direção de tornar os sujeitos mais crítico-reflexivos. Transformação do sujeito e das suas circunstâncias

Fonte: elaboração da autora.

No estudo da escuta das crianças era fundamental adotar uma perspectiva em que os participantes se comprometessem, no decorrer da investigação, a assumir uma postura ativa, discutindo, confrontando, debatendo e questionando uma realidade em que se faziam presentes práticas silenciadoras das vozes infantis, era preciso provocar os docentes para que desejassem descobrir, criar e, principalmente, se indignar com a realidade. E, nessa direção, para desencadear tal postura investigativa, a pesquisa-ação pedagógica, destinada especificamente para a formação docente em serviço e concebida sob a perspectiva crítico-dialética, foi a que se mostrou mais adequada.

2. Afinal, o que representa qualificar a escuta como pedagógica? O que é a escuta pedagógica?

Em tempos em que as políticas educacionais, as legislações e as orientações que normatizam a educação em nosso país, assim como as ações antidemocráticas e opressoras, buscam nos silenciar, escutar o outro é uma urgência e também uma rebeldia! Urgência que precisa ser atendida, pois nossas crianças, jovens, adultos carecem de ser escutados. Ter espaço para a pronúncia da palavra, para fala e escuta, é um direito do cidadão; portanto, as instituições representadas pelas pessoas que lhes dão vida precisam compreender que faz parte das atribuições que lhes são conferidas, escutar.

Quanto à rebeldia, precisamos aprender a ser rebeldes. Como? Compreendendo-a como parte de um processo que se dá para mudança de uma realidade em que as pessoas não veem ou não sentem uma determinada situação opressora para uma em que a percebem, e, uma vez percebida, comprometem-se com sua transformação. *Temos o direito de ser rebeldes*. É nesse sentido que os saberes da pedagogia freiriana possibilitam fundamentar, a partir do par dialético anúncio/denúncia, a *escuta pedagógica*. Que vem, por sua vez, denunciar o silenciamento das vozes das crianças/alunos, denunciando uma realidade que não prioriza o diálogo e a participação do outro no processo ensino-aprendizagem.

Porém, não basta apenas denunciar; isso não seria ético. Quando denunciamos, devemos ter o compromisso de anunciar; portanto, o anúncio a que me refiro trata de uma possibilidade concreta de construirmos uma nova realidade escolar, em que o ato de escutar com intencionalidade pode oportunizar a ressignificação da prática docente e, como consequência, resultar na humanização da relação adulto/criança ou professor/aluno, contribuindo assim para uma significativa mudança na realidade escolar e nas relações que se estabelecem entre os pares, ajudando-nos a acreditar, pensar e agir na direção da melhoria da qualidade da educação.

A proposta é que escutemos pedagogicamente o outro, para ultrapassarmos as barreiras que silenciam as crianças no contexto escolar. Essa proposta é contra-hegemônica e evidencia o gosto em ser gente, como Freire (2002) nos falou: gente que, mesmo consciente das condições desfavoráveis sociais, econômicas, políticas, materiais e ideológicas em que nos encontramos, acredita, esperançosamente, que as barreiras podem ser superadas. Precisamos ter gosto de ensinar e aprender, de pensar criticamente, perguntar, descobrir e se sentir parte de um processo que valoriza o humano e contribui para que nos tornemos pessoas melhores a partir do que nos propomos a fazer.

Com essa finalidade é que a *escuta pedagógica* se constitui fundamentada no *diálogo*, na *problematização da realidade* e na *reflexão crítica*, pressupostos que possibilitam vislumbrar a mudança do *silenciamento das vozes infantis para a construção de espaços tempos na rotina escolar em que tais vozes sejam uma prerrogativa para a elaboração da prática pedagógica*. Duas indagações podem ajudar a compreender a escuta pedagógica na sua essência: **O que representa escutar pedagogicamente uma criança/aluno? Quais qualidades a escuta precisa agregar para ser considerada pedagógica?**

A *escuta pedagógica* representa mais do que simplesmente ouvir a criança/aluno, é ir além do que o sentido da nossa audição pode captar. O ato de escutar precisa ser pensado, planejado e realizado fundamentado nos princípios da participação e da colaboração. A observação atenta de gestos, posturas, gostos, preferências e dificuldades precisa ser uma ação consciente por parte daquele que se propõe a compreender, experienciar e vivenciar a escuta pedagógica e, principalmente, é imprescindível que haja clareza de que esta é uma escuta que tem o compromisso ético de estar atenta ao silêncio daquele(s) que se escuta: a criança pequena. O professor Ferreira, ao refletir sobre os avanços que teve em sua prática a partir da escuta das crianças, externou o sentido pedagógico da escuta:

> *A pesquisa nos ajudou a sermos mais atentos, mais observadores. Temos hoje ouvidos e corações mais abertos para nossos aprendizes que, por sinal, chegam cada vez mais carentes de serem ouvidos. Hoje na minha prática, me chama mais atenção aquelas crianças que ficam quietinhas, do que os bagunceiros. Eu observo e penso: "Caramba, eu ainda não ouvi a voz daquela criança, será que só vou ouvir em dezembro? Agora, já penso nisso* (FERREIRA).

Pesquisar, tendo a oportunidade de ler, estudar conteúdos referentes à infância e prática docente, e ao mesmo tempo investigar a própria prática, despertou a sensibilidade dos docentes para aspectos da relação adulto/criança que não eram percebidas, a realidade estava opacizada, silenciada. Podemos aprender com a criança e com nossos pares, escutando-os, mas precisamos, em conformidade com a pedagogia freiriana, nos permitir viver a experiência de ser um ser inacabado e inconcluso, conquistando continuamente nossa humanidade. *A escuta pode contribuir na constituição da identidade docente, a fala do professor nos mostra isso.*

> "A identidade docente se constitui a partir de um processo de construção do sujeito historicamente situado, não é um dado imutável, ela se constitui a partir da significação social da profissão; da revisão constante dos significados sociais da profissão; da revisão das tradições.[...] Constrói-se, também, pelo significado que cada professor, enquanto ator ou autor, confere à atividade docente no seu cotidiano a partir dos seus valores, de seu modo de situar-se no mundo, de sua história de vida, de suas representações, de seus saberes, de suas angústias e anseios, do sentido que tem em sua vida ser professor"
> (PIMENTA, 2009, p. 18-19).

Para acontecer pedagogicamente, a escuta precisa se dar a partir do diálogo verdadeiro, diálogo freiriano, aquele em que nós nos abrimos respeitosamente para o outro, uma abertura consciente e reflexiva, fazendo desse momento de escuta um momento de aprendizagem perante o que o outro nos fala, nos mostra e o que percebemos.

Carece de ser realizada com empatia, este é o início do ato de escutar intencionalmente. É preciso se colocar no lugar do outro, pensar a partir do ponto de vista da criança. No conjunto do ato de escutar, precisa ser uma escuta que enxerga, percebe e sente o outro na sua integralidade, com a intencionalidade de que sua fala seja considerada na tomada de decisão docente quanto aos percursos do processo ensino-aprendizagem. **A escuta pedagógica é uma escuta amorosa!**

Paulo Freire acreditava que a "educação podia melhorar a condição humana, contrariando os efeitos de uma psicologia da opressão" e, finalmente, contribuindo para o que considerava ser a "vocação ontológica da espécie humana: a humanização" (TORRES, 1998, p. 50). Logo, **a proposta de escutar as crianças com intencionalidade pedagógica vem imbuída do propósito de desnudar as ações docentes que oprimem a criança/aluno, silenciando-os na dinâmica do processo de ensino-aprendizagem**, *e assim contribuir para que essa vocação não seja desvirtuada ou negada, resultando na desumanização*. Escutar pedagogicamente é uma prática docente que nos oportuniza lutar contra as formas de desumanização que se encontram enraizadas nas práticas irrefletidas adotadas na Educação Infantil e nos demais níveis de ensino em que o silenciamento de tão comum nem é percebido.

A criança precisa ter a possibilidade de participar ativamente no contexto escolar, precisa ser percebida com intencionalidade. Nesse sentido, é essencial ter como um dos pressupostos da *escuta pedagógica* a participação, pois é uma atitude que precisa ser ensinada, incentivada e promovida na sociedade como um todo. Porém, como a escola é a instituição primeira em que todos os indivíduos frequentam formalmente, precisamos estar comprometidos com a criação de espaços, ações e práticas que oportunizem a aprendizagem do ato de participar.

Recentemente, Schilke (2017) concluiu em seu estudo sobre a dimensão da escuta, do diálogo e da participação das crianças no contexto escolar, que a criança ainda é excluída nos processos de tomada de decisão, sua participação é passiva e dissociada da possibilidade de intervir no trabalho desenvolvido na escola. Falamos em participação, mas ainda é desafiador para o professor, e demais adultos que interagem com a criança no contexto escolar, oportunizar e lidar com a sua efetiva participação. As perguntas, as respostas e mesmo os sonhos são elaborados no exercício da participação. O aspecto relacional que perpassa toda a obra freiriana mostra como o ato de escutar é complexo.

Na escuta intencional, a criança tem espaço para participar de forma ativa e ser compreendida como sujeito de direito, porém algo sutil precisa ser evidenciado para que não se esvazie a prática da escuta, que é o fato de compreendermos o que representa a autoanulação.

> *Escutar é obviamente algo que vai além da possibilidade auditiva de cada um. Escutar, no sentido aqui discutido, significa a disponibilidade permanente por parte do sujeito que escuta a abertura à fala do outro, ao gesto do outro, às diferenças do outro. Isto não quer dizer, evidentemente, que escutar exija de quem realmente escuta a sua redução ao outro que fala. Isto não seria escuta, mas autoanulação* (FREIRE, 2002, p. 135).

Precisamos ser cuidadosos e atentos ao escutar. Podemos ouvir os sons das crianças rindo, conversando, chorando, brincando, e outros que dão vida à dinâmica da escola, mas a abertura que apresento a esses sons para compreendê-los, incentivá-los e acolhê-los é que vão integrar a ação de escutar; é assim que o ouvir pode avançar de estágio e se constituir escutar.

No início da pesquisa de campo, realizávamos escutas intencionais. Íamos a campo com o propósito de dialogar verdadeiramente com as crianças de 4 e 5 anos de idade. Buscávamos trazer à tona suas percepções a respeito da rotina escolar, das atividades propostas, do que gostavam ou não na escola, dando espaço de fala para demais perguntas e assuntos que pudessem surgir espontaneamente.

Em uma das primeiras escutas que realizamos, obtivemos algumas respostas como: "gosto da escola, de fazer lição, da professora, da merenda, dos amigos; não gosto quando a professora manda a gente brincar só daquela coisa, daquele brinquedo e também quando ela me muda de lugar, aí fico triste porque eu gosto de ficar com minhas amigas". As narrativas eram objeto de estudo nos encontros formativos da pesquisa-ação pedagógica, e à medida que escutávamos as escutas registradas em áudio, confrontávamos teoria e prática para compreender a prática docente e a realidade que a fala das crianças nos trazia.

Dessa forma, as colocações do grupo de professores, que decorriam dessa prática da pesquisa, contribuíam para que entendêssemos melhor o comportamento, o raciocínio das crianças, conhecendo-as a partir do ponto de vista delas. Nesse processo, as análises críticas iam se configurando e permitindo que compreendêssemos, a partir do ato de escutar, uma teoria que até então parecia distante do contexto escolar:

> *Foi interessante a colocação sobre interação, me chamou atenção a crítica que minha aluna fez com relação às suas preferências em querer explorar livremente os espaços; a gente vai trabalhando, pode até dar mais autonomia, porém, ainda considero importante propiciar diferentes formas de organização; fiquei feliz em ver a forma crítica e segura com que se posicionaram e com a possibilidade de realizar uma reflexão sobre a fala delas* (ANDREA).

Nas colocações elaboradas pela professora, ela demonstra contentamento pela oportunidade de experimentar refletir a partir da escuta, como também surpresa quanto aos avanços nos quesitos aprendizagem e autonomia. Simultaneamente, externa receptividade à fala das crianças sobre as razões de adotar a prática docente criticada que desagradou a criança, e, a partir da reflexão crítica quanto às razões da sua tomada de decisão, reafirma com segurança suas escolhas pedagógicas.

Esse movimento reflexivo nos oportunizou perceber e traduzir o que seria escutar sem se autoanular, compreensão necessária para que a experiência da escuta, vivida pelo professor, assim como o conteúdo da escuta, não seja esvaziado e visto como uma prática desprovida de teor conceitual. Portanto, escutar pedagogicamente não significa acolher de forma acrítica a fala do outro, pois isso conduz ao desvirtuamento do sentido pedagógico da prática de escutar. Subsidiados teoricamente, refletindo com nossos pares e compreendendo nossa prática docente a partir da ótica do outro, podemos nos avaliar e compreender nesse processo as razões de adotarmos determinadas posturas que muitas vezes assumimos automaticamente.

O ato de escutar também representa uma atitude democrática do/a professor/a, que se dá para além do ato de ouvir, e que se amplia para o ato de observar, de forma global, a criança, gestos, atitudes, dificuldades e avanços. Escutar a criança sob a perspectiva freiriana contribui para escutá-la pedagogicamente, escutar oportunizando sua fala, construindo um caminho para romper com o silenciamento das crianças no contexto da Educação Infantil e, ao mesmo tempo, criando possibilidades de o professor aprender pesquisando, questionando e refletindo, a partir de demandas reais, aspectos apontados com objetividade pela professora Magali.

> *A interpretação que tenho hoje, distanciada daqueles encontros, é que ficou muito aprendizado. Porque acho que nos encontros alimentamos a esperança, neles foi possível compartilhar angústias. Então para mim foi super rico. Penso todos os dias como melhorar minha prática, a organização da rotina, dos tempos de aprendizagem, porque são momentos ricos de escuta* (MAGALI).

Há no contexto escolar práticas irrefletidas, e a escuta pedagógica vem nos ajudar a percebê-las, pois de tão comuns foram assimiladas sem que tivéssemos oportunidade de pensar sobre elas. Refletindo coletivamente, escutando as escutas das crianças, chegamos na prática do coro, digo chegamos, pois foi um processo construído entre nós, participantes da pesquisa-ação, no exercício do diálogo, e a professora Lúcia, ao expor suas inquietações em relação a esta prática que se dá de forma automática na sala de aula, mostrou quantos aspectos da prática passam despercebidos e acabam engessando as crianças e os adultos.

> *É perceptível que nós não conhecíamos a importância dessa prática da escuta na nossa atuação na escola, dentro do nosso currículo. Eu posso dizer que tudo é tão mecânico, tudo é tão engessado. Uma coisa que eu estava pensando, com relação ao coro. Nós escutamos o coro, que é aquela prática em que o professor está falando alguma coisa e, quando termina, a turma toda tem que complementar. Essa é uma prática que ainda está tão enraizada na escola. O aluno decora, a criança complementa como se fosse uma regra, e nós fazemos isso. Vimos nossos professores fazerem assim e repetimos sem ao menos nos perguntarmos se essa é uma boa prática docente. Vivemos isso e reproduzimos sem analisar* (LÚCIA).

Existe urgência em refletirmos sobre práticas como essa, e nesse sentido a pedagogia freiriana pode ajudar os professores a se compreenderem não como seres determinados pela história, mas como seres inconclusos e capazes de agir para mudar, para que, em oposição à reprodução de uma prática acrítica, possam problematizar a realidade e atuar para transformá-la por meio de uma prática que seja constituída a partir de questionamentos sobre a realidade, a partir do olhar crítico de quem tem a oportunidade de observar, analisar e estranhar a realidade.

> *A superação da compreensão mecanicista da História, por outra que, percebendo de forma dialética as relações entre consciência e mundo, implica necessariamente uma nova maneira de entender a História. A História como possibilidade. Esta inteligência da História, que descarta um futuro predeterminado, não nega, porém, o papel dos fatores condicionantes a que estamos mulheres e homens submetidos. Ao recusar a História como jogo de destinos certos, como um dado dado, ao opor-se ao futuro como algo inexorável, a História como possibilidade reconhece a importância da decisão como ato que implica ruptura, a importância da consciência e da subjetividade, da intervenção crítica dos seres humanos na reconstrução do mundo. Reconhece o papel da consciência na práxis; da inteligência sendo inventada e reinventada no processo e não como algo imóvel em mim, separado, quase, do meu corpo. Reconhece o meu corpo como corpo consciente que pode mover-se criticamente no mundo como pode "perder" o endereço histórico. Reconhece minha*

individualidade que nem se dilui, amorfa, no social nem tampouco cresce e vinga fora dele. Reconhece, finalmente, o papel da educação e de seus limites (FREIRE, 2001, p. 47).

Reconhecimento, recusa e ruptura são etapas de um processo que anuncia uma tomada de consciência que surge para religar adulto e criança, corpo, pensamento e ação. A escola, compreendida como um espaço coletivo, constitui um contexto privilegiado para o desenvolvimento de ações formativas que objetivem experimentar o ato de escutar de forma intencional, que possibilite que os docentes se situem na história e nas suas próprias histórias, para assim entenderem as razões de ser do que se acredita estar posto e determinado e elaborem, investiguem e construam sentidos para a prática da escuta.

Por meio dela, há possibilidade de os professores compreenderem os condicionantes que desumanizam as práticas e as fazem invisíveis no contexto escolar. Assim como possam compreender a despolitização que torna os professores profissionais cumpridores de protocolos e os desconectam do compromisso ético assumido na profissão docente. *Precisamos acreditar e agir, construindo caminhos a partir da investigação da prática docente, para que a práxis da escuta possa acontecer.*

A *escuta pedagógica* é um ato problematizador que exige, daquele que escuta a criança, disponibilidade para desbloquear crenças limitadoras, exige calma para respeitar os tempos na elaboração do raciocínio que desencadeia sua fala. Exige que a escuta seja respeitosa, com real disponibilidade afetiva para acolher a fala da criança. Escutar pedagogicamente é um ato imbuído de compromisso ético e humano, requerendo profundidade na compreensão e interpretação dos fatos, na compreensão do ato de escutar e interpretar a fala da criança.

Essa proposta está consciente de que "[...] não há prática educativa, como de resto nenhuma prática, que escape a limites. Limites ideológicos, epistemológicos, políticos, econômicos, culturais" (FREIRE, 2001, p. 47), e que tais limites devem ser respeitados, porém, como a própria pedagogia freiriana nos mostra, também devem ser problematizados. E é problematizando que a escuta pedagógica oportuniza uma reflexão a respeito da escuta contida na Base Nacional Comum Curricular da Educação Infantil – BNCCEI (BRASIL, 2018), uma orientação curricular que foi elaborada e alicerçada na pedagogia das competências, focada no saber fazer e que, ao incluir a escuta em um dos cinco campos de experiência, "Escuta, fala, pensamento e imaginação", aborda brevemente o que é uma experiência, um ponto fundamental para dar sentido à escuta e que será tratado adiante.

Problematizar o que está posto na atual orientação curricular é necessário. Portanto, escutar transformando essa experiência em algo significativo para ambos os lados é agir na direção de *desocultar* a racionalidade instrumental presente na escuta sugerida na BNCCEI, que pode vir a obstaculizar a delicadeza e as peculiaridades que precisam existir entre escutar as crianças e acolher sua fala, permitindo que ela seja colaboradora no seu processo de aprendizagem.

A racionalidade problematizadora, oposta à instrumental, fundamenta a escuta pedagógica, pois se organiza a partir da reflexão crítica da realidade e nos orienta a pensar em por que fazer algo, nas possibilidades de fazer o que se faz por diferentes caminhos, com diferentes propósitos, e ainda nos convida a pensar nos sujeitos para quem faremos algo, quem são, quais suas expectativas, qual a visão de mundo que trazem, como vivem, o que sabem, o que desejam, quais receios e dúvidas trazem consigo. Reflexões que nos aproximam da diversidade cultural, dos contextos sociais, políticos, econômicos e da realidade em que as pessoas com que vamos lidar estão inseridas.

A escuta pedagógica está isenta de otimismo ingênuo e vem como uma reação ao pessimismo imobilizante, que por vezes envolve os profissionais da educação que, engolidos pelo cotidiano no qual enfrentam jornadas de trabalho estressantes, baixos salários, falta de reconhecimento e prestígio profissional, ausência de formação docente adequada e significativa, entre outros fatores presentes no cenário da educação nacional, se veem desmotivados e acabam acreditando que não há alternativas para superar as práticas acríticas.

Em *Professora, sim; tia, não: cartas a quem ousa ensinar*, Paulo Freire nos instiga a refletir quanto à reciprocidade que pode existir no ato de falar, e acrescento, consequentemente, no ato de escutar.

> *Naturalmente, a viabilização do país não está apenas na escola democrática, formadora de cidadãos críticos e capazes, mas passa por ela, necessita dela, não se faz sem ela. E é nela que a professora que fala ao e com o educando ouve o educando, não importa a tenra idade dele ou não e, assim, é ouvida por ele. Mas, ao aprender com o educando a falar porque o ouviu, ensina o educando a ouvi-la também* (FREIRE, 2012, p. 91).

A ação docente de "falar ao" e "falar com" carrega a postura democrática, de uma educação horizontalizada, que é oposta à ação de "falar para", que traz na sua essência a postura antidemocrática, do silenciamento e da obediência presente em uma educação verticalizada. Estar atentos a essa diferença é vital, pois as escolhas que fazemos e as posturas que adotamos na relação com a criança podem tanto aproximá-la como distanciá-la.

Para que a escuta se constitua pedagógica, a fala da criança precisa ser escutada a partir de uma postura de respeito, aceitação e ajuda perante o outro, posturas que precisam ser experimentadas para serem construídas: "Não é difícil perceber como há tantas qualidades que a escuta legítima demanda do seu sujeito. Qualidades que vão sendo construídas na prática democrática de escutar" (FREIRE, 2002, p. 135). *A escuta pedagógica contribui para que o professor se veja pelo olhar da criança, e possa aprimorar e humanizar sua relação com ela.* As vozes das crianças não podem ser interditadas, por *causa de crenças e valores docentes que se cristalizaram em decorrência da racionalidade instrumental* à *qual o docente foi submetido na sua escolarização e formação.*

O ato de escutar com intencionalidade pedagógica exige comprometimento com o que realizamos, exige nossa presença ativa e um estado de alerta que nos adverte e ajuda a rejeitarmos as crenças de que "o que está posto, assim está" e da "tendência de o sujeito se isentar de responsabilidade sobre a realidade, atribuindo à instituição o papel de resolver problemas". Tais crenças e posturas são marcadas pela consciência ingênua e dificultam que o docente internalize que ele é agente de mudança e que tem um papel vital no processo de dar voz às crianças/alunos.

Para que o professor possa dizer não ao conformismo, caracterizado por uma postura passiva, apolítica e que se reveste de isenção de responsabilidade, é preciso que desde sua formação inicial sejam oferecidos processos formativos que possibilitem a participação, a reflexão crítica, o diálogo e, fundamentalmente, que permitam que o professor possa ser escutado e experimente a rebeldia que nos faz crer que é possível transformar, como concluiu a professora Magali: "No percurso da formação que vivenciamos, eu acabei me tornando uma pessoa um pouco mais rebelde, as coisas foram ficando claras, de uma clareza que fica intolerante você aceitar certas posturas, certas formações, entende?".

A *escuta pedagógica* é um sonho democrático e solidário, uma utopia freiriana, e reafirmo: é uma proposta contra-hegemônica ao fatalismo, ao imobilismo e à opressão, por isso precisa se dar a partir da racionalidade problematizadora como postura, contribuindo assim com a transição da consciência ingênua para a consciência crítica.

> *A pedagogia crítica freiriana oferece, portanto, elementos que se contrapõem à racionalidade instrumental do currículo, ao conceber a prática educativa como uma ação ética-política, que se concretiza a partir de uma racionalidade problematizadora. Trata-se de uma reflexão intencionalmente fundamentada na indignação e na possibilidade de se construir uma outra realidade mais justa e solidária* (SAUL, 2014, p. 2075).

A indignação mencionada, e tratada por Paulo Freire (2000), evidencia como o sentimento de "justa raiva", o ponto fundamental na sua teoria crítico-política-pedagógica, representa o fator preponderante para que, pela via da problematização, a *escuta pedagógica* fosse pensada com o propósito de contribuir na construção de uma realidade na qual a criança seja escutada, uma realidade em que o professor reflita sobre essa necessidade, contrapondo-se e abandonando práticas atreladas à concepção bancária de educação.

Precisamos nos apropriar de conhecimentos que nos ajudem a perceber que, quando as orientações curriculares são concebidas sob a racionalidade problematizadora, contribuem para formar cidadãos autônomos, mas se estão alicerçadas na racionalidade instrumental, objetivam formar cidadãos autômatos. Então, podemos nos indagar: como é possível construir o pensamento autônomo?

A reflexão crítica, a pesquisa e o coletivo são o caminho, aqui proposto, para a construção do pensamento autônomo. Refletir e pesquisar coletivamente são movimentos que favorecem o comprometimento e o engajamento dos professores para transformar a realidade, e para transformar é fundamental compreender que educar é formar, e formar por sua vez carece de comunicação, de práticas democráticas em que o docente, que escuta a criança, abra-se para ela, aprendendo a falar com ela, e não o contrário, como habitualmente se dá, falar para ela. "A desconsideração total pela formação integral do ser humano e sua redução a puro treino fortalecem a maneira autoritária de falar de cima para baixo" (FREIRE, 2002, p. 130).

As orientações curriculares que objetivam apenas o saber fazer estão centradas no treinamento. Historicamente, os professores foram formados na perspectiva do treinamento e ainda lidamos com orientações que nos remetem a essa perspectiva. *Há urgência para rompermos esse ciclo formativo que desumaniza, e para isso precisamos do olhar crítico para a realidade.*

A racionalidade problematizadora que sustenta a *escuta pedagógica*, à medida que tem como propósito contribuir para que os docentes desenvolvam sua autonomia, critica a realidade, comprometendo-se com a libertação dos homens das situações opressoras e constituindo-se a partir de "[...] um esforço permanente através do qual os homens vão se percebendo criticamente, como *estão sendo* no mundo *com que e em que* se acham" (FREIRE, 2016, p. 100).

Problematizar, na perspectiva freiriana, é o movimento que precisa ocorrer junto aos docentes que, historicamente, não tiveram espaços formativos que os possibilitassem elaborar questionamentos sobre a profissão, ou como estão e como se sentem diante do cenário global e local, como se veem no contexto da escola e da sala de aula, e, sobretudo, se pensam, o que pensam, ou se consideram a escuta como um conhecimento necessário e possível de agregar valor à prática docente.

Nessa direção, a Pedagogia da Escuta, que assim como a pedagogia freiriana é considerada uma pedagogia para vida, compreende, alinhada com os princípios da pedagogia crítica, que o ato de escutar "[...] produz perguntas, não respostas [...] gera curiosidade, desejo, dúvida, incerteza [...] nos conecta aos outros [...] nos permite entrar no tempo do diálogo e da reflexão interna" (RINALDI, 2016, p. 236), atentar para esses pontos que sustentam o ato de perguntar é fundamental para podermos pensar didaticamente sobre a *escuta pedagógica*.

A capacidade de problematizar pertence à espécie humana, que nos permite perguntar para conhecer, para se situar no mundo. Freire (1985, p. 51) nos ensina que "[...] a existência humana é, porque se fez perguntando, a raiz da transformação do mundo. Há uma radicalidade na existência, que é a radicalidade do ato de perguntar", e perguntar é a ação reflexiva que irá aproximar os docentes da escuta, oportunizando compreendê-la como um conhecimento. As ações que desenvolvemos têm seu respectivo sentido, e ter conhecimento sobre elas fortalece nossos saberes, subsidiando nossas argumentações; portanto, fundamentar a *escuta pedagógica* no princípio da problematização significa compreender seus sentidos ontológico e epistemológico apresentado na concepção freiriana de educação.

> [...] *o termo problematização não tem um sentido unívoco em Freire [...] como condição ontológica torna possível a ação intencional do sujeito e o leva a se posicionar de maneira ativa diante dos objetos e dos acontecimentos do mundo. [...] No sentido epistemológico, ele fundamenta uma forma de conceber o conhecimento, e de modo especial, de agir com os objetos de conhecimento* (MUHL, 2017, p. 328).

Escutar com a intencionalidade pedagógica a criança, experimentando o exercício da escuta, elaborando perguntas tanto sobre o teor da escuta, como sobre o ato de escutar, construir sentidos para esse exercício e, simultaneamente, aprender a escutar pedagogicamente construindo conhecimentos sobre esse objeto, são etapas que constituem a problematização e inerentes à natureza humana. *Precisamos nos permitir aprender a escutar o outro, assim como precisamos de espaços formativos coletivos no contexto escolar que incentivem a pesquisa e a investigação da própria prática a partir da escuta.*

Fecundar perguntas na consciência docente é vital para construção de sentido para a *escuta pedagógica*. Perguntas que resultem em mais perguntas, instigando o professor a perguntar para si mesmo e para seus pares, sobre os elementos que condicionam a prática docente adotada; perguntas que, ao gerar a sensação de assombro, os mobilizem a construir compreensões, a buscar os porquês do teor das falas das crianças, os porquês da realidade em que atuam e os impulsionem a se arriscar perante o novo descoberto e o novo a ser construído, a inventarem e reinventarem a prática docente por eles adotadas, agindo política e criticamente para transformar o silêncio em som, em voz, em colaboração para a construção de uma prática mais humanizada.

O princípio da colaboração está presente na escuta pedagógica e é fundamental e essencial para que possamos perceber que no ato de escutar ocorre uma simbiose entre escuta e diálogo. Processo de interação que, em uma condição de escuta real, e não ideal, conforme determino a escuta proposta na BNCC-EI, oportuniza a participação efetiva da criança na tomada de decisão docente quanto à sua aprendizagem.

A colaboração é um princípio fundante das pedagogias da infância, que nesse quesito nos mostra que "[...] escuta é um processo de ouvir a criança sobre a sua colaboração no processo de co-definição da sua jornada de aprendizagem" (OLIVEIRA-FORMOSINHO; KISHIMOTO; PINAZZA, 2007, p. 28), e tal contribuição vem reforçar a relevância de a *escuta pedagógica* estar fundamentada nesse princípio. Escutar para incluir a criança como colaboradora do processo ensino-aprendizagem, escutar para humanizar os processos, escutar principalmente para não excluir, ponto central na razão de ser da *escuta pedagógica*.

No ambiente escolar, é imprescindível que todas as crianças tenham seu lugar de fala garantido como direito, independentemente de raça, sexo, condição intelectual e física e nível social, e nessa direção Freire (2002, p. 136) nos alerta: "[...] aceitar e respeitar a diferença é uma das virtudes sem o que a escuta não pode se dar". *Há urgência em escutar aqueles que historicamente foram e ainda são silenciados.* É importante atentarmos para a realidade social brasileira, uma realidade marcada pelo racismo estrutural, portanto, como homens e mulheres que estamos no mundo, seja como educadores ou profissionais que atuam com crianças, jovens e adultos, nos diversos contextos escolares e educativos, precisamos ter o compromisso ético de trabalhar para mudar uma realidade que por vezes sublima ou pouco evidencia a discriminação de raça, gênero ou classe social. Uma realidade em que ainda temos que lidar na escola com a presença do capacitismo, que se manifesta, por exemplo, na medida em que as dificuldades para atuar junto aos alunos com necessidades especiais contribuem para o surgimento de resistências docentes no acolhimento desses educandos.

> Racismo estrutural, de acordo com professor doutor Silvio Luiz de Almeida, que assumiu o cargo de ministro dos Direitos Humanos e da Cidadania do Brasil em 2023, advogado, filósofo, professor universitário, ativista na luta de combate ao racismo, diretor-presidente do Instituto Luiz Gama, presidente do IBCCRIM e autor do livro *Racismo Estrutural*, "[...] é uma forma sistemática de discriminação que tem a raça como fundamento, e que se manifesta por meio de práticas conscientes ou inconscientes que culminam em desvantagens ou privilégios, a depender ao grupo racial ao qual pertençam". Em sua obra apresenta três concepções para o racismo: individualista, institucional e estrutural (ALMEIDA, 2018).

> Capacitismo: Discriminação e preconceito direcionados a pessoas com deficiência (PcD), podem se efetivar através do discurso de que essas pessoas são anormais ou incapazes, em comparação com o que é social e estruturalmente considerado perfeito. (https://www.dicio.com.br/capacitismo). Acesso em: 11 jul. 2023.

Existem pesquisas educacionais recentes, como a desenvolvida por Caio Silva (2016), em que foram constatadas as tensões existentes em nosso país quanto ao racismo estrutural e que se manifestam na prática docente. Vale acrescentar que, de acordo com dados do Instituto Brasileiro de Geografia e Estatística (IBGE, 2021), no ano de 2022, 56% da população brasileira se autodeclarou parda ou negra.

Nesse sentido, o chamamento que Freire (2002, p.136) nos faz é muito atual e extremamente necessário: "[...] Se discrimino o menino ou a menina pobre, a menina ou menino negro, o menino índio [...] não posso evidentemente escutá-los, e se não os escuto, não posso falar com eles, mas a eles de cima para baixo". Há situações que precisamos enfrentar, como aquelas que envolvem preconceitos, precisamos olhá-las com estranhamento e agir para transformar pelo caminho da escuta e do diálogo.

A escuta pedagógica é uma prática que pretende que todos sejam escutados e representa uma proposta progressista que objetiva prioritariamente contribuir com a humanização da relação adulto e criança; logo, é essencial que o professor esteja consciente da grande diversidade cultural que compõe nossa população. *O diálogo solidário tem potencial para orientar a prática pedagógica.*

O diálogo como fenômeno humano é a própria palavra. Palavra que se constituiu em duas dimensões, a ação e a reflexão, que por sua vez, na dinâmica do diálogo, para que este seja verdadeiro, precisam se materializar de forma solidária, de forma integral, sem que ocorra a ação em detrimento da reflexão e vice-versa, possibilitando que a práxis aconteça, ou seja, somente assim o diálogo poderá resultar na transformação.

> [...] *O diálogo é uma exigência existencial. E, se ele é o encontro em que se solidarizam o refletir e o agir de seus sujeitos endereçados ao mundo a ser transformado e humanizado, não pode reduzir-se a um ato de depositar ideias de um jeito ou de outro, nem tampouco tornar-se simples troca de ideias a serem consumidas* (FREIRE, 2016, p. 109).

Escutar para transformar, mas escutar no sentido pedagógico do ato, no qual escuta e diálogo, ações que se encontram intrinsecamente relacionadas, se deem unidas e alinhadas para neutralizar práticas bancárias em que o poder da fala, na relação adulto e criança, se concentra na tomada de decisão do adulto. Em síntese, para escutar na perspectiva freiriana é necessário mobilizar a capacidade psicológica que uma pessoa desenvolve para sentir o que o outro sente, ou seja, a empatia.

> *Saber escutar é, portanto, uma prática que se imbrica, necessariamente, na construção do conhecimento crítico-emancipador. É importante lembrar, com Freire, que a prática do saber escutar implica necessariamente posturas que vão requerer do educador novos aprendizados: humildade, amorosidade ao educando e tolerância* (SAUL, 2017, p. 160).

Necessitamos, portanto, no ato de escutar, imbuídos de uma intenção, compreender emocionalmente a criança.

Alinhada com a perspectiva freiriana de escuta na qual a empatia é apresentada detalhadamente no conjunto de sentimentos que a compõe, temos a escuta sensível, que busca orientar a postura investigativa, que como docentes pesquisadores precisamos adotar; sobre ela, Barbier (2004, p. 94) nos mostra que "[...] o pesquisador deve saber sentir o universo afetivo, imaginário e cognitivo do outro para 'compreender do interior' as atitudes e os comportamentos, o sistema de ideias, de valores e de mitos".

Esse olhar que valora o ato de escutar na prática investigativa vem ao encontro da relevância de o professor conhecer, investigar e se apropriar da riqueza do ato de escutar. Colocar-se no lugar do outro como prerrogativa para a escuta, escutando com empatia, postura que se constitui a partir de uma prática docente horizontalizada, contribuirá para que o docente transcenda do ato de ouvir para o ato de *escutar pedagogicamente* a criança/aluno, aprendendo a fazê-lo sem prepotência, sem opressão, mas com amorosidade.

Fundamentar a *escuta pedagógica,* na perspectiva do diálogo verdadeiro anunciado por Freire (2016), significa propor o ato de escutar a criança de forma aberta, instigando o docente, a partir da investigação da própria prática, a vivenciar a situação de abertura à fala do outro, abertura que se dará pelo caminho da escuta. Escutar para desoprimir, e desoprimir é a palavra eleita como verdadeira para representar a escuta pedagógica, e que pode encorajar o professor a agir, refletir e a se aventurar na direção da construção de uma práxis que supere a transgressão citada anteriormente. A professora Ruth, ao refletir sobre as aprendizagens que obteve no exercício da escuta, concluiu:

> Hoje penso que os encontros me ajudaram a querer continuar melhorando sempre e não perder de jeito nenhuma essa prática de escutar as crianças, de organizar os diálogos com eles, de estar sempre me vigiando para orientar, ajustar e nunca oprimir, o que me leva a me vigiar sempre e não deixar para lá o que eu escuto (RUTH).

Dialogar verdadeiramente permite o encontro com o outro para pronunciar o mundo, um encontro amoroso com o mundo e com os homens, um encontro em que a escuta amorosamente se constitua pedagógica. O diálogo permite que o docente se aventure, desafie-se alimentado pela fé, para experimentar o ato de escutar desprendido da postura *inumilde* cultivada nas práticas bancárias.

A escuta pedagógica das crianças é proposta para que o professor possa se dar conta da diferença que há entre ser silencioso e ser silenciado. No espaço da comunicação, o silêncio é muito importante; não aquele silêncio que se faz para receber comunicados. Aquele que silencia nesta dinâmica de receber orientações para fazer, executar algo, sem espaço para diálogo, produz o silêncio de quem é silenciado na voz, no pensamento e na ação; logo, a criança que vivencia esta situação é objeto comunicante de alguém.

A comunicação que se objetiva realizar a partir da *escuta pedagógica* é uma comunicação de via dupla, é um ato de escutar que se dá proporcionando a quem se escuta sentir-se e ser compreendido como sujeito, e não como objeto, e esse movimento a criança sente e percebe. A comunicação que se dá entre o adulto e a criança, que não contempla essa dinâmica, não permite a construção de um aprendizado significativo por parte da criança, e o exemplo trazido pelo professor Ferreira elucida essa questão: "No *modus operandi* que se pratica no senso comum, é só olhar para o educando e despejar a profecia, sem escutá-lo, e isso se torna uma falácia". *Ensinar a partir de comunicados é negar à criança o seu direito de participar, e essa negação é própria da educação bancária.*

Para Paulo Freire, "[...] o diálogo é a força que impulsiona o pensamento crítico-problematizador em relação à condição humana no mundo. Através do diálogo podemos dizer o mundo segundo o nosso modo de ver" (ZITKOSKI, 2017, p. 117), e, diante da perspectiva de que diálogo e escuta se deem em simbiose para que a escuta se constitua pedagógica, podemos ouvir o mundo da criança para além do sentido semântico das palavras, para que possa se dar entre adulto e criança uma verdadeira comunicação.

A *escuta pedagógica* representa a possibilidade de a criança ser compreendida pelo docente como possuidora de um corpo consciente, que na perspectiva freiriana representa o corpo que fala, escreve, luta, ama, odeia, sofre, morre, vive, e por ser consciente, é capaz de fazer coisas, atuar e pensar, portanto, um corpo que tem importância. Nos diálogos que realizamos nos encontros formativos, vieram à tona reflexões que indicam o quanto precisamos da escuta pedagógica para humanizar o contexto escolar.

> *A criança na escola é podada. Por exemplo, fazemos fila para ir à biblioteca, ao refeitório, então falamos "põe a mão para trás, vamos em silêncio para não atrapalhar as outras salas, vamos um atrás do outro", enfim, parece um exército, é muita rigidez* (MAGALI).

A postura docente diante do propósito de escutar com intencionalidade a criança carece de um modo de agir que estimule sua fala, para que possa experimentar a sensação de comunicar algo, de se ouvir, de elaborar ideias nas quais perceba que se fez entender, oportunizando a experiência de externar sua opinião, seu desejo, suas impressões e suas dificuldades, uma escuta que permita a leitura de mundo daquele que se encontra na escola muitas vezes sentado passivamente na carteira, vivendo uma situação que clama por mudança, por transformação.

Essa é uma das razões pela qual a escuta pedagógica foi pensada e proposta no sentido de problematizar a educação oferecida em nossas escolas, objetivando contribuir para o desenvolvimento da criticidade docente, ajudando o professor a enxergar o mundo pelos olhos da criança que cotidianamente vai para a escola e com a qual precisamos ter o compromisso de escutar com intencionalidade pedagógica.

Falar é um direito da criança. Precisamos garantir esse direito, para que ela possa nos mostrar suas demandas e dúvidas, sinalizando nossos acertos e erros, ajudando-nos a compreendê-la para que possamos melhorar a relação que estabelecemos com ela e, principalmente, oportunizando a conscientização, por nossa parte como professores, de que há o que aprender com nossas crianças.

Os aprendizados decorrentes da escuta pedagógica contribuirão para a melhoria da qualidade do ensino na Educação Infantil, abrindo espaço para a humanização que a escuta busca, que por sua vez depende da leitura de mundo que é um direito subjetivo. Logo, a criança, para ter seu direito subjetivo garantido, depende de um docente que priorize a escuta e compreenda o valor do diálogo nesse processo.

A pesquisa da própria prática a partir do exercício da escuta possibilitou pela primeira vez, aos docentes que participaram da pesquisa, experimentarem como é trabalhar pedagogicamente a partir dos princípios orientadores da pedagogia freiriana, aproximando-os tanto do conceito de transitividade como da possibilidade de sentir a transformação ocorrendo. "Na pedagogia freiriana, a transitividade é a oportunidade que todo ser humano tem de se libertar da clausura no seu meio sociocultural para compreender as suas relações com a sociedade em geral [...]" (PUIGGRÓS, 1998, p. 101). E pelo exercício da escuta das crianças, os docentes puderam perceber a clausura intelectual presente na sociedade e, consequentemente, na escola, que representa um dos fatores que dificultam e até mesmo impedem que o professor compreenda a criança como um sujeito de direitos, como também a si próprios como sujeitos que precisam ter espaços de aprendizagem e reflexão para o aprimoramento da prática docente.

Os professores, ao terem espaço para reflexão, como ocorreu nos encontros formativos, puderam dialogar, refletir criticamente e construir conhecimentos sobre sua prática, tornando possível chegarmos em pontos que exemplificam como a clausura intelectual culmina no silenciamento das crianças.

> *Hoje eu posso dizer que ainda prevalece o adultocentrismo, de uma forma mais preocupante, porque antes nós professores não tínhamos tantas ferramentas e descobertas como temos hoje. Sempre escutei dos meus pais que, quando adulto fala, a criança cala, ou a criança nem entra na conversa. E isso nós falamos nos nossos encontros, a criança não tinha vez. Então assim: o adulto é dono do conhecimento e a criança é uma página em branco. A gente não escuta falar isso na escola, mas a gente vê na prática e na sala de aula até hoje* (LÚCIA).

Nesse sentido, o diálogo que perpassa todos os conceitos freirianos foi fundamental para que acontecessem reflexões em conjunto e o compartilhamento do que se sabia e não se sabia sobre a escuta e sobre a experiência de pesquisar a própria prática a partir da escuta. Os processos libertadores e emancipatórios somente podem ser desencadeados pelo caminho do diálogo, ele é um recurso didático. Nessa direção, tanto o diálogo a ser realizado na dinâmica do processo de escuta das crianças, como aquele a ser construído nos processos formativos, precisa se dar sob a ótica da metáfora da iluminação abordada por Freire e Shor (2011, p. 167): "[...] não podemos, não devemos entender o diálogo como uma tática que usamos para fazer dos alunos nossos amigos. Isso faria do diálogo uma técnica para a manipulação, em vez da iluminação".

O diálogo verdadeiro, para assim ser qualificado, necessita estar fundado e se dar como Freire (2016, p. 113) nos fala: "[...] no amor, na humanidade, na fé nos homens, o diálogo se faz na relação horizontal, em que a confiança de um polo no outro é consequência óbvia [...]". Logo, a horizontalidade do diálogo é condição *sine qua non* para que o ato amoroso de escutar desencadeie a constituição da escuta como pedagógica. Escutando pedagogicamente, também podemos desencadear a desocultação de crenças, práticas, dúvidas, incertezas, ausência de saberes, entre outros pontos

> Desocultação: palavra empregada por Paulo Freire na obra *Política e educação* como oposto da ação de ocultação, no sentido de distorção da razão de ser dos fatos. Logo, desocultar refere-se a trazer a verdade de volta para a realidade. Nos dicionários formais, esta palavra não é encontrada.

que podem surgir na dinâmica dialógica de um processo investigativo em que se investiga a própria prática. *Podemos discutir, expor e repensar as práticas acríticas presentes na escola, e para isso a formação docente precisa estar comprometida com a pesquisa. Foi pesquisando que os professores escutaram e enxergaram o que não percebiam.*

Nas escutas que realizamos, foi possível observar as fragilidades das práticas docentes, pois à medida que as crianças falavam sobre o que gostavam ou não na escola estavam presentes frases como: "gosto de fazer lição", "gosto de estudar para ficar inteligente", "gosto de matemática", "gosto de todas as lições... lições de continuar...". Com a manifestação de gostar de "fazer lições", foi notada a ausência de a criança saber por que fazia determinada lição. Ao aprofundar o diálogo elaborando mais perguntas a partir das respostas obtidas, uma das crianças de 5 anos explicou:

> **Criança***: Essa lição que tô fazendo agora é bem difícil. Essa lição de agora tem que fazer cinco flores, cinco flores rosas e quatro amarelas.*
> **Pesquisadora***: E por que você tem que fazer isso? Você sabe?*
> **Criança***: Por que a professora mandou*
> **Pesquisadora***: Mas é para aprender o quê?*
> **Criança***: Para aprender a estudar.*

Há a necessidade de analisarmos os vários aspectos a serem considerados diante da análise da ausência de clareza por parte da criança com relação ao que estava aprendendo, mas é preciso salientar que, no contexto do processo ensino-aprendizagem, precisamos realizar adequações e reflexões a respeito do currículo, dos conteúdos e atividades a serem propostas para as crianças, como também apreciação individual das dificuldades e avanços desses.

A interrogação existiu e abriu espaço, nos encontros formativos, para refletirmos sobre as questões que envolvem o autoritarismo e compreendê-lo sob a perspectiva apresentada por Freire e Faundez (1985, p. 46): "[...] o autoritarismo que corta as nossas experiências educativas inibe, quando não reprime, a capacidade de perguntar". As compreensões construídas coletivamente pelos professores levaram à percepção de que a escuta da criança nos mostrou uma criança submetida aos objetivos, razões e desejos do universo adulto, e os professores, ao se aproximaram da pedagogia crítica freiriana, foram observando aspectos da prática docente que até então não haviam percebido – e que gerou reflexões críticas a partir das quais trabalhamos para construir novos conhecimentos.

> *Eu gostaria de ter ouvido meu aluno falar das brincadeiras, das amizades que fez, da alegria de ver sua mãe apresentando um teatro, mas ao invés disso ele faz muitas referências à lição de matemática; sem compreender realmente por que precisa pintar as flores. Penso que dei muita ênfase às linguagens e não às brincadeiras, acho que acabei inibindo meu aluno, e ele não perguntou. Errei tentando acertar* (LÚCIA).

Reside em colocações tão sutis como esta, em que a docente externou fragilidades tanto quanto à prática adotada como aos saberes pedagógicos necessários para o exercício da docência, o valor que teve o encontro entre os pares, a importância de investigar juntos a própria prática, a partir da problematização desencadeada pelo dispositivo pedagógico, a escuta das crianças, pois os professores foram "[...] extrojetando pela força catártica da metodologia, uma série de sentimentos, de opiniões de si, do mundo e dos outros, que possivelmente não extrojetariam em circunstâncias diferentes" (FREIRE, 2016, p. 157).

Problematizar e compreender a prática docente a partir da escuta pedagógica aproximou os docentes da realidade que por vezes parecia estar satisfatória, mas não estava, assim como os aproximou também de teorias e conhecimentos que até então não estavam presentes no contexto escolar, como as reflexões a respeito do autoritarismo.

Assim como aconteceu na investigação da escuta, os princípios da pedagogia freiriana estimularam o pensar, o agir e refletir coletivamente, para que se buscasse romper com modelos conservadores, modelos hegemônicos que estão alinhados com uma perspectiva da racionalidade instrumental, e que pouco contribuem para a superação

> Quanto ao desenvolvimento profissional, esse se dá mediante diversos fatores, como salário, demanda do mercado de trabalho, o clima de trabalho nas instituições nas quais os professores atuam, a promoção dentro da profissão, as estruturas hierárquicas, a carreira docente, legislação trabalhista, nível de participação e decisão etc. A formação inicial e continuada evidentemente fazem parte e contribuem para o desenvolvimento profissional (IMBERNÓN, 2016).
>
> Nesse contexto, o ato de escutar e a escuta, pesquisados em um processo de formação docente, contribuem para o desenvolvimento profissional, que por sua vez engloba vários fatores.
>
> Disponível em: https://tede.unisantos.br/handle/tede/7244. Acesso em: 20 ago. 2023.

de situações que limitam o pensar e o agir na direção do novo.

Ressalto que a interlocução entre os princípios freirianos permite fundamentar a *escuta pedagógica* como uma prática de resistência que carrega um potencial emancipatório para as crianças e para os docentes, pois a escuta abre espaço, como preconiza a pedagogia da escuta, para o desenvolvimento profissional, oportunizando o desenvolvimento profissional e humano, enriquecendo o conhecimento e a subjetividade para escutar os outros (RINALDI, 2016).

Ao finalizar este capítulo, reafirmo que a *escuta pedagógica* representa uma proposta contra-hegemônica, uma busca pela reinvenção do pensamento freiriano, pois Paulo Freire não queria ser imitado, mas sim reinventado (SAUL, 2017), e foi justamente isso que fizemos, escutando as crianças pedagogicamente.

Como sugestão de aprofundamento dos estudos, sugiro a leitura da obra *Professora, sim; tia, não: cartas a quem ousa ensinar* e *Pedagogia do oprimido*, de Paulo Freire; *Pesquisa-ação pedagógica: práticas de empoderamento e participação*, de Maria Amélia Franco; *Escuta pedagógica: uma possibilidade formativa de ressignificação da prática docente na Educação Infantil*, de Simone do Nascimento Nogueira.

II

A escuta – percursos de vida e profissão

Oi, Simone, como vai? Eu estava aqui pensando sobre nosso encontro de ontem. Estou aproveitando que estou no lanche com as crianças para gravar este áudio e te falar que eu me senti muito bem com a atividade que fizemos de relaxamento. À noite, em casa, fiquei lembrando do nosso encontro, o que fizemos e o que eu senti. A dinâmica fez com que nós nos escutássemos. Nos encontramos com nossos pensamentos, e conforme você sugeriu, fomos buscar a escuta na nossa vida. Foi tão bom parar e descansar. Aquela música de fundo, um momento só para nós depois de toda agitação que foi nossa tarde com as crianças. Fiquei pensando no quanto a gente precisa se preparar para escutar, estudando como estamos fazendo. A gente pode se aproximar da criança, com paciência, preparando o momento da escuta com carinho e com calma. Ontem você fez isso, a dinâmica me tocou muito. E hoje me veio a questão: por que as reuniões de estudo (HTPC) [Horário de Trabalho Pedagógico Coletivo.] *precisam ser sempre com os professores sentados ao redor de uma mesa, tratando de uma montanha de itens que às vezes não têm nada a ver com o que queremos? Por que não pode ser diferente do que é? Ontem nosso encontro foi diferente, eu estava aqui pensando isso e senti vontade de te falar. O encontro de ontem ficará marcado na minha memória e acho que na memória de todos que estavam lá* (transcrição da mensagem de áudio – enviada pela professora Magali, em 25/10/2018).

1. Diálogos entre o passado e o presente

1.1. Fomos ou somos escutados?

A mensagem que trago na abertura deste capítulo tem o objetivo de instigar todos aqueles que se envolverem com o estudo sobre a *escuta pedagógica*; relembrar se, nos respectivos percursos escolares e profissionais, tiveram a experiência de terem sido escutados. Ou, ainda, se no tempo presente, na formação docente inicial ou continuada, são escutados.

As palavras da professora, carregadas de satisfação e contentamento, e também inconformismo, nasceram de uma experiência de interação, um momento de relaxamento vivido no contexto da pesquisa-ação pedagógica, e para contextualizá-la retomo como chegamos nesse momento e por que ocorreu.

Estávamos no mês de outubro de 2018, realizando as escutas das crianças com o propósito de investigar a própria prática docente a partir das suas respectivas falas, das impressões que as crianças externavam sobre do que mais gostavam ou não da escola, atividades preferidas, ou outros elementos que surgissem nas narrativas infantis. Dialogávamos com elas sobre os momentos em que estavam em casa, para saber se sentiam saudades de algo que faziam ou conviviam na escola, tentando obter respostas para as perguntas que surgiam durante a conversa.

Simultaneamente, discutíamos nos encontros estratégias para escutá-las individual e coletivamente, porém, naquela etapa da investigação, lidávamos com as dificuldades que os docentes apresentavam sobre a ausência de apoio pedagógico na sala de aula para realizar a escuta individual, como sobrecarga de trabalho, barulho que dificultava ouvir a fala da criança e gravar em áudio para socialização e estudo do teor das escutas nos nossos encontros, e falta de espaços/tempos na rotina escolar para escutá-las, por causa da necessidade de desenvolver o planejamento.

Diziam eles que parar e escutar as crianças poderia atrasar tudo que precisavam fazer, pois tinham também que preencher diários de classe, relatórios e, por vezes, desenvolver projetos em parceria com outras áreas, uma vez que a escola também contribui para mobilizar a comunidade escolar em campanhas de interesse geral.

Colocações legítimas, pois, na rotina de trabalho do professor, quantas demandas inesperadas surgem e precisam ser atendidas para dar andamento à dinâmica da escola. São os *jeitinhos* que damos para atender tudo que nos pedem e atribuem, sem que possamos refletir coletivamente sobre tais demandas. As questões surgiram desde o início da pesquisa, acompanharam o seu desenvolvimento e sinalizavam que os docentes compreendiam que a escuta, diante das demandas pedagógicas, era algo a mais a ser realizado, e que para tanto precisavam criar espaços próprios para essa ação. *Investigar a própria prática era algo novo para os docentes, e fazê-la a partir da escuta era ainda mais novo.*

Observando as dificuldades que os professores apresentavam, considerei que precisávamos de uma atividade formativa que contribuísse para que os docentes vivenciassem a própria escuta, em que conversassem consigo, tanto sobre o que estavam se propondo a investigar, ou seja, a própria prática, como sobre a escuta em suas vidas. Então, convidei-os para uma atividade de relaxamento e propus que aproveitassem aquele momento para refletirem sobre as experiências em que foram ou não escutados ao longo do percurso escolar.

Denominei esse momento de *autoescuta*, um movimento individual de escuta interior que desencadeou reflexões muito significativas, que, posteriormente, à medida que os docentes se sentiam confortáveis e seguros, socializaram com o grupo. Cada professor escolheu como faria a socialização, e assim tivemos registros escritos e orais.

A seguir, apresento as narrativas escritas, exatamente como as recebi das mãos dos docentes no primeiro encontro após a dinâmica. As narrativas orais eu as transcrevi, pois nossas reuniões eram gravadas em áudio para que, posteriormente, eu pudesse transcrevê-las na íntegra, como parte do *corpus* da pesquisa de doutorado.

"O *corpus* é o conjunto dos documentos tidos em conta para serem submetidos aos procedimentos analíticos" (BARDIN, 2011, p. 126).

O momento das socializações foi repleto de emoção, e por desejar que todos os que lerem este livro consigam *escutar*, sentindo a emoção presente nas narrativas dos professores, é que optei por reproduzi-las na sua originalidade. Elas poderão se assimilar ou se opor às histórias pessoais de cada leitor, como também poderão contribuir na reflexão quanto ao valor pedagógico da escuta. No conteúdo de cada uma delas, encontraremos as possíveis respostas para a indagação inicial, se *fomos ou somos escutados*, respostas estas que podem e precisam orientar a elaboração dos processos formativos que são oferecidos para nossos professores.

- **Transcrição da narrativa oral do professor Ferreira**

Eu nasci em 1953. No meio da revolução de 1964, eu estava com 7 anos e já estava na escola. Era uma época em que, na escola, criança não tinha vez, ninguém nem olhava. Nessa época tive uma professora que me marcou bastante, a professora Genoveva, do primário. Com ela, nos sentíamos bem melhor em comparação com a professora Gertrudes, que foi minha professora no 1º ano. Imaginem, no 1º ano ela me chamava de lesma, só faltava bater na minha cabeça porque eu escrevia devagar. Colegas, imaginem a situação, eu só tinha 7 anos. Lembro também que minha mãe ainda a chamou para minha primeira comunhão, e ainda foi em casa tomar um café. Escuta, nessa época isso nem existia. Escutado mesmo, ser ouvido com atenção e conversar de igual para igual na escola, foi só no Ensino Técnico, no Colegial. Meus professores eram jovens, começando na profissão dando aula para a gente, era pouca a diferença de idade. Na ocasião, eu estava com 17 ou 18 anos, e os professores tinham em média 23 anos. Nós até combinávamos de fazer alguma coisa juntos, tipo sair, jogar bola, passear. Essa foi a única experiência que eu tive de um professor parar e me escutar, conversando de igual para igual, já era quase a fase adulta da minha vida. Na fase de criança e adolescente era só ouvir, ouvir, ouvir sem ter chance de falar, quanto mais falar e ser escutado.

- **Registro escrito – Professora Andréa**

Tempo de escola

Fui buscar em minha passagem pela Educação Infantil uma memória que me marcou, por eu não ter conseguido na época expressar oralmente minhas angústias e inquietações.

Estudava em uma EMEI na cidade de Cubatão, e era meu primeiro ano de "parquinho", como minha mãe costumava chamar. Em um determinado momento desse ano, tivemos que estudar em outro lugar, pois a escola passaria por uma reforma e fomos para o CSU. Lembro-me que não gostei do espaço, não tinha escorregador nem os brinquedos de minha escola. Mas o que mais me marcou nesse período foi o cheiro não muito agradável das sopas do refeitório e dos gritos das merendeiras, por eu ter derrubado o leite durante o café. Esse cheiro é vivo em minha lembrança.

Desse dia em diante passei a chorar todos os dias antes de ir para a escola, na esperança de que minha mãe me mudasse de escola. Preferia qualquer coisa, menos estar naquele lugar. Tinha pavor de entrar no refeitório e ser recebida a gritos.

Meu choro era uma manifestação de medo, um pedido de ajuda para lidar com meus sentimentos, e com reações que não estava acostumada em meu lar. Tudo era novo, era meu ingresso na escola. Eu era uma criança muito introspectiva e por isso não me recordo de ter conversado sobre isso com minha professora, ou minha mãe. Chorava e ninguém entendia o porquê daquele comportamento.

Talvez para aquelas senhoras merendeiras tenha sido apenas mais um dia normal de trabalho, mas, para mim, uma criança de apenas quatro ou cinco anos, não me recordo, teve um impacto muito negativo. Fez da escola um lugar ruim, em que erros como derrubar sem querer uma caneca não eram permitidos. E um lugar onde desesperadamente eu não desejava estar.

Essa situação encerra-se quando retornamos para nosso prédio antigo.

Período de escuta

Sempre fui uma aluna calada, muito tímida, que pensava a escola como um lugar de silêncios, de obediência e respostas pedagógicas (sempre referente a conteúdos). Tinha amigas queridas, com quem conversava muito no recreio e isso me bastava. Nos primeiros anos do Ensino Fundamental fui uma boa ouvinte, seguia as regras, e andava literalmente nas linhas dos rejuntes do piso do prédio da escola.

Esse sentimento de apatia e passividade no ambiente escolar me acompanhou até a 5ª série do Ensino Fundamental, quando tive a sorte de conhecer uma professora muito especial, chamada Carmela. Ela era uma professora muito cheirosa e bem arrumada, a única de cabelos brancos na escola.

Professora Carmela me oferecia muito mais do que balas de canela ou oportunidade de abrir e fechar seu armário, mas a sua atenção, preocupação e valorização. Fazia de mim sua ajudante, interessava-se por minha vida, perguntava sobre minha família, qual profissão eu gostaria de exercer, se estava com fome, pois, além de ser magrinha, havia mudado de bairro e meu pai me deixa muito cedo no portão da escola, e eu era a primeira a chegar.

Era uma professora que ensinava bem mais que Geografia, dava aula de generosidade. Oferecia a possibilidade do diálogo, de não ser a única detentora da palavra. Ia bem mais além das linhas dos cadernos, dava espaço para as entrelinhas de quem realmente somos ou queremos ser.

Um dia, após assistir uma apresentação de meu grupo, sobre lendas folclóricas, não hesitou em dizer que eu deveria ser professora, teceu grandes elogios a mim e convidou a diretora para assistir. Disse que assim como sua filha, que estudava Direito, eu deveria ler bastante, estudar muito. Naquele momento me senti importante.

Hoje percebo o quanto sua escuta fez a diferença em minha vida, sua sensibilidade em me acolher, perceber minhas necessidades. Me fez sentir querida e motivada a estudar cada vez mais. Suas palavras tiveram grande peso no traçado de minha vida profissional.

- **Registro escrito – Professora Magali**

    Santos, 24 de novembro de 2018

    A meus queridos professores

    Lembrando de minha trajetória enquanto aluna, vários sentimentos tomaram conta de meu coração, pois trazer à memória é reviver sensações que marcaram minha pele, minha audição, minha visão, meu paladar, meus pensamentos e opiniões.

    Gostaria primeiramente de agradecer porque, sem vocês e as marcas que deixaram, eu jamais poderia ser quem escolhi ser (sem esquecer a minha família, é óbvio que contribuiu de maneira exemplar para a minha formação pessoal).

    Em cada relação deixamos um pouco de nós e levamos um pouco do outro. A vida é assim! Uma constante troca de saberes e de energia.

    Em segundo lugar, é importante lhes dizer que em cada etapa de ensino as marcas foram muito diferentes. Vocês eram pessoas e profissionais diferentes uns dos outros. Acredito que as crenças, formações e informações a respeito da vida foram escolhidas com base nas experiências felizes ou não que tiveram.

    Infelizmente, na Educação Infantil, você, professora da sala azul, não me escutou. Muito pelo contrário, me amedrontou de tal forma que, além de chorar, eu não brincava mais no parque nem me alimentava mais na hora do recreio.

    Por felicidade, uma merendeira (amiga da família) que trabalhava na escola me olhou, me escutou... Escutou meu olhar, meu comportamento, minha tristeza e me ajudou. Soube intervir de maneira tão brilhante que até hoje sou grata a ela.

    Até hoje a professora da sala azul com certeza não imagina o porquê de a diretora ter me mudado de sala (exigência da minha mãe quando soube de toda a situação) e me colocado na sala vermelha da professor Lúcia, cujo nome e delicadeza nunca esqueço.

Uma marca bem amarga ficou! Mas outras lindas vieram e me ajudaram a nunca optar por ser como a professora da sala azul.

Já no fundamental agradeço aos professores que me escutaram e àqueles (a grande maioria), que não. Muitas vezes o sentimento era de estar "boiando" nas aulas, era muita vergonha em demonstrar não saber, e de alienação, pois só precisava decorar e responder o que eles desejavam ou o que estava registrado nos livros.

Aos meus mestres do Magistério, só posso dizer que conseguiram fazer uma diferença enorme e positiva em minha formação.

Obrigada por nos escutar sempre! Lembranças ótimas eu guardo da turminha do 4º ano C. Meninas que iniciaram juntas e terminaram juntas na mesma sala de aula. Uma proposta de ensino-aprendizagem diferente das que existiam pela região, naquela época.

Obrigada por demonstrarem paixão pela educação e por ensinar. Obrigada por construírem junto conosco, alunas do curso, uma relação mais humana, de parceria, de igualdade, de trocas de saberes, de respeito aos pensamentos e opiniões diferentes. Obrigada por nos contagiar a enxergar o ser humano com os olhos do coração.

Foi no Magistério em que fui mais olhada, mais escutada, mais respeitada e mais acolhida. E, sendo assim, posso afirmar que fui uma aluna mais feliz nessa etapa de escolarização.

A reflexão que faço é de que tudo valeu. Poderia ter sido um percurso com menos sofrimento, com menos silêncio, com menos tristeza.

Como acredito que não existe perfeição e sim erros e acertos, o que fica é a humildade que temos que buscar para perceber-nos e autoavaliar-nos constantemente, na tentativa de mudar sempre que preciso, para sermos melhores e fazermos melhor.

Um forte abraço recheado de muita gratidão a todos vocês, professores, que estiveram presentes em minha vida.

- **Registro escrito – Professora Lúcia**

Cordel da escuta

A escuta na minha infância era de forma passiva
O adulto falava, a criança escutava e ai de quem falasse
que o chicote atuava
Falar com qualquer adulto tinha todo um ritual
Primeiro pedia permissão e depois de um sim ou de um não
Colocava o plano em ação, com todo cuidado do mundo,
para não ter punição
Se falasse alguma coisa que não agradasse a quem ouvia
A orelha esquentava, se fosse noite ou dia
Portanto, ser escutada, poucas crianças podiam
E quando levado em consideração, isso já era regalia
Tanto em casa como na escola, criança não tinha vez
Fui vítima de muito silêncio, talvez como todos vocês
Mas pode crer no que falo, no meio desse cenário
Pátio e rua eram os melhores lugares, em que eu podia falar
Cantando, dançando e brincando, era a forma de me expressar
Foi assim por muito tempo, minha vida escolar
Sobreviver na metodologia que o sistema resolvia aplicar
Se era certo ou errado tínhamos que aceitar
Escutar naquele tempo, era lenda por lá
E o que lamento agora, é que ainda tem escola
que vem a não escutar
Escutar o aluno hoje não chega a ser diferente
Do aluno do passado, porque muitos professores
querem manter o legado
Eu particularmente quero mudar esse lado
A todos os professores que contribuíram com minha formação

Agradeço infinitamente por toda a dedicação
Mas se fosse voltar ao passado, falava com precisão
A cada um deles dava um belo sermão.
Por que erraram tanto, se já existia no campo,
Paulo Freire em ação?
Hoje, como professora, não quero reproduzir
Embora em alguns momentos acabei fazendo assim,
mas com o passar do tempo e de muito pesquisar
Texto e experiência para com Simone compartilhar
A Pedagogia da escuta pretendo com meus alunos,
cada vez mais ampliar.

1.2. Registros que falam por si sós

Escutar as histórias individuais de cada professor foi um momento de grande emoção. Éramos parceiros no processo da pesquisa de campo, pois a pesquisa-ação pressupõe uma ação investigativa que se dá com o outro, em parceria com o outro, e não para o outro ou sobre o outro.

Os motivos que nos uniam eram os mesmos, e no movimento da pesquisa nos aproximamos, nos envolvemos, permitindo que todos os participantes sentissem segurança e conforto para dialogar e compartilhar suas histórias de vida e as experiências pessoais na docência. Esse movimento proporcionou o fortalecimento do grupo ao longo da investigação, tanto no que se refere aos conhecimentos teóricos, como emocionalmente, e ao mesmo tempo adquiriram confiança uns nos outros e se conheceram melhor. *Muitas vezes, na escola, passamos um período inteiro juntos, porém não são desenvolvidas ações formativas que oportunizem a aproximação entre os pares.*

Revisitar as memórias escolares foi marcante e decisivo para construirmos caminhos investigativos para escutar com intencionalidade pedagógica as crianças, pois os docentes se propuseram a investigar a própria prática, justamente a partir da estratégia formativa humanizadora que eles próprios sinalizaram nas narrativas não terem vivenciado como alunos.

Porém, nas histórias de vida escolar, relembraram ainda algum momento ou episódio vivido, possível de ser relacionado com a experiência de terem sido escutados, seja na infância seja na adolescência, demonstrando em suas palavras satisfação e alegria pelo ocorrido. Também externaram reconhecimento por aqueles professores que, com a respectiva ação de escutá-los, contribuíram positivamente na vida de cada um deles.

Estabelecer relação entre o vivido por cada docente no passado, na época da escola como crianças, adolescentes e jovens, e a própria prática docente que estavam investigando, contribuiu para que eles fossem compreendendo que a educação que receberam os silenciou, e, silenciando, os oprimiu, compreensão que trouxe a forte presença da educação bancária em suas histórias de vida. Uma educação que engessa o educando, reprime a curiosidade, obstaculiza o desenvolvimento da criatividade e não oportuniza que o pensamento crítico se constitua.

Criticidade, curiosidade e criatividade são fundamentais para que possamos atingir a conscientização quanto a condições desumanas a que o ensino e a educação bancária nos submetem, inibindo a rebeldia, a mesma que mencionei no capítulo I, e que acredito que precisamos ter hoje para transformar os espaços escolares, nos quais ainda temos práticas docentes que silenciam as crianças, em espaços escolares em que o direito à voz de cada uma delas seja garantido.

A educação silenciadora que marcou os docentes no passado ainda se faz presente nos dias atuais, nas práticas acríticas que se perpetuam e precisam ser superadas na direção da constituição de uma educação humanizadora e emancipatória.

A experiência de se autoescutar envolveu e inspirou os docentes na realização de estudos teóricos que ajudaram o grupo a refletir criticamente a respeito das relações de poder presentes na escola, e que fizeram parte das histórias dos próprios professores, acarretando neles medo, sofrimento, sensação de desrespeito e de direito negado, devido à crença de que o adulto tem socialmente espaço legítimo de fala, e a criança, não.

O confronto entre teoria e prática, indispensável para o desenvolvimento da criticidade, ofereceu repertório e argumentos para que elaborassem questionamentos sobre o que, até aquele momento, nos seus respectivos percursos profissionais, não tinham sido colocados em xeque. Eles começaram a rever as próprias verdades e se aproximaram da realidade em que eles mesmos se viram perpetuando o ciclo do silenciamento. O diálogo a seguir, desenvolvido após assistirmos a um vídeo sobre os aspectos psicológicos da escuta, trouxe essa percepção.

DUNKER, Christian. *Como aprender a escutar o outro?* Youtube, 4 jul. 2017. Disponível em: https://www.youtube.com/watch?v=Zo-jk4kVtE8. Acesso em: 10 jun. 2018.

Ruth: *O vídeo fala para sairmos dessa relação de poder que estabelecemos com a criança. Ele diz que, para sairmos dessa relação de poder, precisamos ouvir o outro, enriquecer com o outro. Escuta não é confronto, não é duelo, mas sim uma junção, uma complementação, uma coisa harmoniosa.*
Ferreira: *Uma troca, não é?*
Ruth: *Sim, uma troca, um movimento circular, sem orgulho e sem vaidade.*
Magali: *Não é como nós fazemos na sala de aula. Nós perguntamos: qual é esse número? E nós mesmos damos a resposta: é o cinco, não é?*
Lúcia: *Às vezes eu me pego pensando assim: é o que eu tenho a dizer que é importante, ou é o que o aluno tem para falar que é importante? Esse questionamento a gente enfrenta na educação.*

Proponho compreendermos esse diálogo orientados pelos princípios da pedagogia freiriana, pois é de suma importância para o professor, que se disponibiliza a investigar a sua prática, orientar-se por esses princípios. Ao falar em diálogo freiriano, falamos do momento em que os homens se encontram para pronunciar o mundo, mundo que, uma vez pronunciado, se volta aos sujeitos que o pronunciam, exigindo deles um novo pronunciar. Foi por esse caminho que as reflexões foram elaboradas. *Momentos como esse representam um direito a ser garantido para nossos professores.*

As práticas rotineiras começaram a ser percebidas de forma diferenciada. As argumentações e os conflitos presentes no diálogo traziam o novo pronunciar e permitiram que chegássemos nas relações de poder para compreendê-las sob a perspectiva freiriana que pontua a importância de buscarmos o equilíbrio na relação com os educandos para que não predomine nossa fala ao educando, mas sim para que falemos a ele e com ele, rejeitando o sonho do professor autoritário.

Sonho alimentado pela educação bancária, que oferece uma formação à criança, que a faça obediente e adaptada a partir de práticas que a engessam, subtraindo seus espaços de fala e participação. Há contradições na realidade escolar, como as citadas pelos professores: *"nós perguntamos para a criança e nós mesmos respondemos"* ou *"o que é mais importante: o que eu tenho a dizer ou o que o aluno tem a dizer?"*, porém elas gradualmente foram percebidas e desvendadas a cada nova etapa vivida ao longo da investigação.

Investigar a própria prática modificou o olhar que os professores tinham sobre si, escutar a criança e seus pares ajudou na humanização do olhar. Podemos exercitar nosso corpo para termos saúde física, exercitar nosso cérebro para fortalecer nossa memória, então podemos desenvolver nossa capacidade auditiva, ter atenção naquilo que ouvimos para escutar nossas crianças na escola.

Dialogando, os professores resgataram o passado e pensaram na formação que tiveram, e associaram com a educação que ofereciam às crianças. Ter as dimensões pessoais e profissionais contempladas no processo formativo é importante, pois o que fazemos como professor se cruza com nossos valores, nossa maneira de ser, com nossas histórias (NÓVOA, 2014); vimos essa afirmação nas narrativas e reflexões críticas, não há como separar o eu profissional do eu pessoal. A valorização do eu pessoal possibilitou que os docentes refletissem e desenvolvessem percepções quanto à educação, que consideram inadequada e que precisava ser superada na busca por uma educação mais humanizada para a criança.

Ter dúvidas e sentir-se inseguro perante o novo, como demonstraram, é natural. Precisamos olhar para esse sentimento de insegurança sem medo, nós, professores, lidamos com o inesperado, precisamos nos adaptar rapidamente às situações adversas da sala de aula, sem temermos o imprevisto, mas para isso é preciso compreender esse sentimento que desestabiliza.

Freire (2012, p. 139) diz: "[...] a segurança, por sua vez, demanda competência científica, clareza política e integridade ética. Não posso estar seguro do que faço se não sei como fundamentar cientificamente a minha ação [...]". Para fortalecer os saberes teóricos, precisamos nos repertoriar. **Os professores, ao investigar a prática, estavam se repertoriando.** À medida que houve a valorização do pensar, do sentir, das crenças e valores, individuais e coletivos, os docentes iniciaram um processo de desenvolvimento profissional que até então não haviam vivenciado.

> *Em minha vida como professor anterior ao nosso grupo de pesquisa, eu percebia os alunos mas não os ouvia, não os escutava, e não valorizava essa atitude, porém ao fazer parte de um grupo que buscava entender e implementar tal prática a um nível mais aprofundado pedagogicamente, tive uma mudança de atitude na prática diária nas aulas (FERREIRA).*
>
> *Nós vivenciamos etapas, começamos a escutar, gravar, escutar juntos as escutas, discutir e refletir sobre as falas, eu acho que foi válido e que tem que ser dessa forma, porque realmente é um processo e estamos construindo, e vimos que muitas coisas precisam mudar (MAGALI).*

O protagonismo docente é um direito, e a formação docente precisa garantir essa vivência que empodera o docente. O grupo se apropriou das etapas de uma pesquisa e de um método, como mencionaram: "escutar, gravar, escutar as falas, refletir", "fazer parte de um grupo que buscava entender e implementar a prática da escuta". *Os professores foram aprendendo a pesquisar, participar, colaborar, refletir criticamente, e tiveram o direito garantido de serem escutados. Viveram o protagonismo e se sentiram empoderados.*

É possível fazermos diferente do que está posto, tanto nas escolas, no âmbito da formação continuada, como nas faculdades, universidades e demais instituições que formam para a docência. A formação pode ser pensada na direção de garantir, para aqueles que optarem pela docência, possibilidades de marcharem no contexto teórico, ampliando seus horizontes, pois essa é condição necessária para o fortalecimento intelectual dos professores, e assim se armarem para compreender e superar os equívocos cometidos e aqueles que venham a perceber, como no caso da escuta das crianças, equívocos que silenciam as vozes infantis a partir de práticas acríticas que não são notadas.

Investir na pesquisa da própria prática é vital, pois assim há chance de as práticas pedagógicas se constituírem, devido às intencionalidades que a elas são atribuídas, e isso ocorre no processo de investigação. Vejam: os professores que construíram conhecimentos sobre a escuta tinham em média 17 anos de experiência no Magistério, a faixa etária era de 41 a 61 anos, três deles haviam cursado a Habilitação Específica para o Magistério, quando o curso existia em nível de segundo grau, atualmente denominado Ensino Médio. Três cursaram Pedagogia e um professor era Licenciado em Educação Física. Dos cinco professores que participaram do grupo, quatro tinham cursos de especialização nas áreas de educação (NOGUEIRA, 2021).

Conhecer o perfil e a formação dos docentes – e refletir estabelecendo relação com o fato de ter sido a primeira vez, ao longo do percurso formativo e profissional de todos que tiveram a oportunidade de vivenciar uma formação em que investigaram a própria prática – é um dos pontos que indicam que os processos formativos oferecidos aos professores precisam ser repensados pelos legisladores, sistemas de ensino e entidades de classe. *Porém, cabe aos gestores escolares, uma vez que a escola é lócus privilegiado para a formação docente, priorizarem na elaboração coletiva do projeto político-pedagógico das escolas, ações formativas que aproximem a pesquisa da realidade escolar, para que se dê a compreensão de que teoria e prática não podem estar dissociadas.*

Há urgência em garantir espaço para voz, diálogo e participação para os professores na escola. Muito se fala em construirmos uma escola verdadeiramente democrática, mas para que isso se torne realidade, a formação docente precisa mudar, e uma ação concreta nessa direção é escutar os professores.

2. Formação docente, qual sua relação com a escuta?

A formação docente, seja ela inicial ou continuada, precisa atender às demandas reais dos professores, e para conhecer essas demandas, escutá-los é fundamental. A formação constitui uma área de pesquisa regulamentada por políticas educacionais, e que no cotidiano das nossas escolas se materializa por meio da prática pedagógica. Pertence ao campo da educação, ou, de acordo com a perspectiva freiriana, às educações, a bancária e a problematizadora:

> A primeira "assistencializa"; a segunda, criticiza. A primeira, na medida em que, servindo à dominação, inibe a criatividade e, ainda que não podendo matar a intencionalidade da consciência como um desprender-se ao mundo, a "domestica", nega os homens na sua vocação ontológica e histórica de humanizar-se. A segunda, na medida em que, servindo à libertação, se funda na criatividade e estimula a reflexão e a ação verdadeiras dos homens sobre a realidade, responde à sua vocação, como seres que não podem autenticar-se fora da busca e da transformação criadora (FREIRE, 2016, p. 101).

Não podemos perder de vista os princípios que organizam esses dois tipos de educação. No cenário da educação nacional, na complexidade dos *espaços tempos* do cotidiano das escolas, que são plurais (ALVES, 2003), e, na materialização das práticas adotadas pelos professores junto às crianças, temos os reflexos de uma formação docente que não conseguiu suplantar definitivamente a educação bancária, que traz o olhar distante da realidade escolar, a neutralidade e padrões para o pensar, agir e aprender.

Para que possamos entender com mais clareza essa situação e construir diálogos entre a formação docente e a escuta, trago a seguir reflexões sobre o percurso da formação docente e da Educação Infantil, acompanhadas dos recortes históricos que me auxiliaram na busca pela escuta nos respectivos percursos.

2.1. Formação docente e Educação Infantil –
diálogo entre passado e presente

Como ponto de partida para compor os recortes históricos que considerei significativos na busca pela escuta, revisito os princípios e práticas adotados nas escolas de ensino mútuo instaladas no Brasil a partir de 1820. Essas escolas obrigavam os professores a se instruir à própria custa nesse método, para nelas atuar, o que indica que havia exigência quanto ao preparo didático, o que não quer dizer que existia preocupação com a questão pedagógica – a formação docente se dava pela prática. As práticas docentes eram pautadas na memorização, em detrimento da fluência verbal, na disciplina rigorosa e na crença de que falar e aprender não poderiam se dar concomitantemente, ideia que indica que às crianças não era concedido o direito de falar. A conversa era considerada um ato de indisciplina, punido com severidade com procedimentos que constrangiam o aluno física ou moralmente (SAVIANI, 2009).

Mais de duzentos anos nos separam desse momento da história da educação, porém pesquisas recentes mostram que há na Educação Infantil a prevalência de atos direcionados a conter verbalmente o aluno, sob forma de expressões imperativas e autoritárias (SILVA, 2017a), realidade semelhante à que vivi, mencionada no capítulo 1. Estamos no século XXI localizando práticas educativas e convicções do século XVIII, então podemos pensar que a formação docente não avançou o suficiente para a superação de práticas que silenciam as crianças.

> Destinava-se a habilitar as pessoas que iriam atuar no Magistério da instrução primária e para os professores que, na época, não tivessem adquirido necessária instrução nas escolas de ensino mútuo (SAVIANI, 2011).

Um marco histórico na direção da superação do ensino propedêutico adotado nas escolas normais, espaço destinado a formar professores para atuar nos jardins de infância desde os anos 1930 (KISHIMOTO, 1999), foi a organização dos Institutos de Educação, uma das primeiras iniciativas a oportunizar a formação docente em nível superior para os professores primários e secundários, fato ocorrido desde a criação do curso de Pedagogia, em 1939. Na proposta de formação docente dos institutos, a educação era encarada não apenas como objeto de ensino, mas também de pesquisa, e contava em sua estrutura com anexos como jardim da infância, escola primária e secundária, que funcionavam como campo de experimentação, demonstração e prática de ensino. Saviani (2009, p. 146) explica que "[...] os institutos foram pensados e organizados de maneira a incorporar as exigências da pedagogia, que buscava se firmar como um conhecimento de caráter científico".

Na proposta, os institutos traziam uma visão pedagógica de que os processos de ensino precisam conhecer e respeitar as características do pensamento infantil e os interesses e necessidades próprios da infância, oportunizando a atividade da criança em experimentar, pensar e julgar, privilegiando a organização das crianças em pequenos grupos. Porém, essas ideias, pertencentes à renovação pedagógica da década de 1930, eram direcionadas para os jardins da infância, que atendiam as crianças dos grupos sociais de prestígio. Nos parques infantis, que atendiam as crianças dos grupos populares, a proposta educacional pouco tinha em comum com os preceitos escolanovistas, assim como os cursos de formação docente não eram voltados para o atendimento das crianças das camadas populares (OLIVEIRA, 2011).

Tivemos também no percurso da formação docente, a experiência formativa oferecida pela Escola Normal, que tinha como anexo o Jardim de infância Caetano de Campos, criado em 1896 como escola-modelo, no qual os futuros professores estagiavam. Inspirada nos princípios de Pestalozzi, em que a observação realizada pelos futuros professores era considerada relevante no aprendizado da arte de ensinar, formava seus alunos e também servia de exemplo para os Grupos Escolares de todo o Estado de São Paulo (KUHLMANN JR., 2010). Vale acrescentar que, segundo Kishimoto (1999), esta Escola Normal permaneceu como modelo de si mesmo por pelo menos três décadas, até 1930.

> Johann Heinrich Pestalozzi (1746-1827). Pestalozzi estabeleceu alguns princípios para o seu método de ensino: partir do conhecido ao desconhecido; do concreto ao abstrato, ou do particular ao geral; da visão intuitiva à compreensão geral (ZANATTA, 2005).

Nestas escolas, as turmas eram organizadas por idades (4, 5 ou 6 anos) e submetidas a um ensino que imprimia a disciplina, a obediência. A aprendizagem acontecia a partir do modelo e, quando interrogadas, cabia às crianças responder com prontidão e corretamente, caso contrário eram repreendidas. Portanto, não havia preocupação com a escuta das crianças. Existiu um movimento de renovação pedagógica, e a formação docente realizada nos Institutos de Educação foi uma tentativa, mas não se configurou, de fato, em uma transformação estrutural da formação docente para o professor da pré-escola, a ponto de dizermos que o processo resultou na adoção de práticas mais humanizadas.

Novas ideias surgiram nas décadas de 1920 e 1930, como os estudos desenvolvidos no campo da psicologia, realizados por Jean Piaget (1896-1980), com a teoria do desenvolvimento humano, e por Levi Vygotsky (1896-1930), quanto à importância da relação e da interação entre as pessoas como origem de desenvolvimento humano. Elas se entrelaçaram com as propostas que já existiam e contribuíram com o trabalho pedagógico na Educação Infantil.

O percurso da formação docente e da Educação Infantil se entrelaçam, e observamos que ocorreram tentativas de buscar caminhos pedagógicos diferenciados para melhor, porém nenhuma proposta causou significativo impacto para preparar adequadamente o professor para o exercício da profissão docente.

A Educação Infantil também conviveu com ideias higienistas e de filantropia, a partir dos anos 1940, que eram direcionadas para as creches, mas se estenderam para parques infantis, jardins de infância e classes pré-primárias, com marcas e diferenciações entre o ensino público e o privado. No público ocorreu o distanciamento da prática docente do caráter pedagógico e sua aproximação do caráter assistencialista. Ainda hoje é possível notar essa diferenciação. O espaço de aprendizagem e cuidado das crianças, quando é marcado, por exemplo, pelo disciplinamento moral, pelo silenciamento das vozes infantis, controle dos seus corpos e/ou práticas escolarizantes, está trazendo para o contexto atual da Educação Infantil as marcas de uma educação assistencialista.

Para superarmos tal realidade e avançarmos na relação adulto/crianças, é preciso que ocorra o desenvolvimento do pensamento crítico, que precisa ser prioridade na formação docente. Ensinar exige criticidade, e isso não acontece automaticamente; a promoçao da ingenuidade para a criticidade acontece a partir da curiosidade crítica, insatisfeita, indócil, como nos ensina a pedagogia freiriana, e isso a história da formação indica que não foi objetivo sistemático da formação docente.

A formação do professor da pré-escola recebeu pouca atenção da área da educação, e o mesmo se deu no âmbito das legislações. Em 1946, ocorreu a reformulação do curso normal pelo Decreto-Lei n. 8.530 (BRASIL, 1946). Este curso formava o pessoal docente, habilitava administradores para as escolas primárias, desenvolvia e propagava conhecimentos e técnicas relativas à educação da infância. Cabe acrescentar que a educação pré-primária, no momento da reorganização do curso normal, não era prevista em lei, o que veio a ocorrer depois de 15 anos com promulgação da Lei n. 4024/61 (BRASIL, 1961), que estabeleceu que a educação primária seria destinada aos menores de 7 anos e ministrada nos maternais ou jardins da infância. Ao promulgar a primeira Lei de Diretrizes e Bases (LDB), o governo estabeleceu que as empresas que tivessem mães de crianças menores de 7 anos de idade seriam estimuladas a organizar e manter, por iniciativa própria ou em cooperação com os poderes públicos, instituições de educação pré-primária; porém, poucas empresas aderiram ao previsto na lei do trabalho em vigor na época (OLIVEIRA, 2011).

> Na atualização da Consolidação das Leis do Trabalho, ocorrida em 1967, o atendimento aos filhos dos trabalhadores foi tratado apenas como uma questão de organização dos berçários pelas empresas. [...] "O poder público não cumpriu o papel fiscal da oferta por berçários, pelas empresas. Assim, poucas creches e berçários foram organizados" (OLIVEIRA, 2011, p. 108).

Resgatar essa sequência histórica da formação docente do professor da pré-escola, permite a compreensão do quanto a ausência de uma política educacional para a infância, que considerasse a criança como sujeito de direito, prejudicou o atendimento adequado das crianças. Em cadeia, contribuiu para que a formação do professor da pré-escola não fosse vista com atenção e prioridade. *Se não havia obrigatoriedade de a criança estar na escola, também não havia necessidade de grande quantidade de docentes para atuar nesta etapa escolar.*

Nessa mesma direção, os espaços formativos para os professores de educação pré-primária não foram se constituindo com a mesma importância e prioridade que os demais níveis de ensino. O currículo que se desenhou para formá-los era centrado na formação profissional, e não era obrigatório que o aluno vivenciasse a experiência das escolas-laboratório (estágio). A não exigência do estágio fez com que o aspecto pedagógico-didático fosse incorporado no mesmo "[...] modelo dos conteúdos culturais-cognitivos no qual os conhecimentos logicamente organizados são adquiridos na própria prática docente ou mediante mecanismos do tipo treinamento em serviço" (SAVIANI, 2011, p. 9).

No passado, o estágio foi relegado a uma mera opção por parte do futuro professor, favorecendo a ideia de que estagiar é desnecessário, o que ainda está presente na formação do futuro professor. A formação precisa avançar na direção da compreensão do estágio como o retrato vivo da prática docente, no qual o professor-aluno pode perceber que os problemas e possibilidades do seu cotidiano poderão ser debatidos, estudados, analisados sob a luz de uma fundamentação teórica, desencadeando a possibilidade de se sentirem coautores do trabalho realizado (PIMENTA; LIMA, 2017).

A formação docente em nosso país, a partir da segunda LDB n. 5.692/71 (BRASIL, 1971), foi moldada na perspectiva da pedagogia tecnicista, que tinha como pressuposto a neutralidade científica, inspirada nos princípios da racionalidade, eficiência e produtividade, reordenando o processo educativo para tomá-lo objetivo e operacional. O ensino foi organizado em dois níveis, primeiro e segundo graus, instituindo-se a habilitação específica de 2º grau para o Magistério de 1º grau, sendo que a 4ª série do curso de Magistério estava destinada ao aprofundamento de estudos para o Magistério na pré-escola; porém, a fragmentação desse curso permitia o ingresso na Habilitação Específica para o Magistério na 2ª série, o que acarretou a redução da carga horária destinada às disciplinas pedagógicas, provocando um esvaziamento do conteúdo pedagógico.

Quanto à Educação Infantil, essa lei estabeleceu em seu artigo 19, parágrafo 2º, que "[...] os sistemas de ensino velarão para que as crianças de idade inferior a sete anos recebam conveniente educação em escolas maternais, jardins de infância e instituições equivalentes" (BRASIL, 1971). Tal obrigatoriedade se deu devido às mudanças sociais da década de 1970, entre elas, a entrada das mulheres da classe média no mercado de trabalho, e assim necessitarem de creche e berçários para seus filhos, a redução dos espaços urbanos propícios às brincadeiras infantis, além da preocupação com a segurança.

Perfazendo esse cenário, as políticas educacionais da época adotaram a chamada educação compensatória, originada de teorias americanas e europeias e que defendia que o fracasso escolar se devia à privação cultural vivida pelas crianças das classes sociais mais pobres. No Brasil ocorreu a aceitação acrítica dessa teoria, que resultou na ideia de que a educação pré-escolar superaria as condições sociais desfavoráveis das crianças pobres – e assim foram adotadas práticas educativas de estimulação precoce e preparo para a alfabetização dentro de uma visão assistencialista do passado. Oliveira (2011) nos chama a atenção para o fato de que atribuíram à educação o poder de superar a desigualdade, mas não adotaram medidas estruturais que eliminassem da sociedade as desigualdades causadoras da privação cultural.

Também é importante considerar o fato de a educação pré-escolar, na década de 1970, ser de responsabilidade da assistência social, uma vez que ficou definido que esse atendimento seria exclusivo para os pobres. Tal fato contribuiu para que a concepção assistencialista se fizesse presente. Na década de 1980, essa concepção foi questionada e criticada por professores e técnicos. A formação docente, por sua vez, viveu um momento de expansão, devido ao clima instaurado a partir da ideologia da privação cultural e da municipalização da Educação Infantil, mas a expansão se deu intensamente na iniciativa privada e não no sistema público de ensino.

É fundamental depreendermos o caráter dual da educação pré-escolar oferecida nesse período: para os filhos das classes sociais mais favorecidas, o ensino focava o desenvolvimento cognitivo, emocional e social da criança pequena. Para os filhos das classes pobres, o foco do ensino era o assistencialismo e o treinamento.

A formação docente e a Educação Infantil trafegaram no cenário político nacional da ditadura para a redemocratização do Brasil. A segunda entrou nas pautas das campanhas eleitorais por causa das mobilizações e lutas sociais, culminando no seu processo de consolidação no cenário da educação brasileira, o que é sinalizado por dois marcos: a Constituição de 1988 e a LDB n. 9.394/96 (BRASIL, 1996).

O primeiro reconheceu a pré-escola como um direito da criança e impôs ao Estado a obrigatoriedade de oferecer instituições que atendessem à faixa etária dos 0 aos 6 anos; o segundo ampliou o conceito de educação básica, incluindo a Educação Infantil como etapa inicial da escolaridade, e a obrigatoriedade desse nível de ensino somente aconteceu com a Emenda Constitucional n. 59/2009 (BRASIL,

2009). Posteriormente, em 2013, a LDB foi alterada para contemplar a obrigatoriedade da matrícula de crianças de 4 e 5 anos em instituições de Educação Infantil.

Quanto à formação docente, a nossa terceira LDB n. 9.394/96, em seu artigo 62, cuja última alteração foi realizada pela Lei n. 13.415, de 2017, estabeleceu:

> Art. 62. A formação de docentes para atuar na educação básica far-se-á em nível superior, em curso de licenciatura plena, admitida, como formação mínima, para o exercício do magistério na educação infantil e nos cinco primeiros anos do ensino fundamental, a oferecida em nível médio, na modalidade normal (BRASIL, 1996).

Diante do percurso descrito, é relevante indagar: *A formação inicial do professor polivalente, que atua na pré-escola, passadas mais de três décadas da promulgação da Constituição Cidadã, e quase três décadas da vigência da nossa atual LDB, prepara adequadamente o futuro professor para o exercício da docência com as crianças pequenas? O professor é preparado para escutar efetivamente a criança?*

A LDB n. 9.394/96, marco legal do início da transição da formação de professores do nível médio para o ensino superior trouxe, no seu bojo, a racionalidade financeira, importando para as políticas educacionais elementos, estratégias e concepções do mundo empresarial, como preocupações sobre custo-benefício, eficácia na execução e excelência no produto (LIBÂNEO, 2012). Tal racionalidade imprimiu na educação a lógica do Estado mínimo, característica do neoliberalismo marcante na educação nacional.

Passados mais de 25 anos da promulgação da LDB em vigor, as pesquisas constatam que o curso de Pedagogia, que tem como eixo articulador a docência, também acumula o desafio de preparar o egresso para responder por mais de 16 aptidões, como: gestão escolar, espaços não escolares, educação inclusiva, além do professor polivalente. Tais demandas comprometem tanto a identidade do curso como dos profissionais que habilita, pois existem especificidades em cada segmento que exigem formação complexa, e o modelo atual não contempla.

Investiguei a constituição da identidade do coordenador pedagógico e pude constatar, em razão da formação inicial inconsistente que receberam, que os coordenadores percebiam não ter conhecimentos específicos que lhes permitissem atuar com segurança na formação docente e nas demais demandas pertinentes ao cargo, o que resultava em uma identidade fragmentada (NOGUEIRA, 2013). *Logo, os sinais desse comprometimento estão presentes no contexto escolar, há tempos!*

Também o curso de Pedagogia, tendo sido definido como um curso integrado, formando tanto o professor para atuar na Educação Infantil como aquele que irá atuar nos primeiros anos do Ensino Fundamental, não contribuiu para melhorar a formação docente. Essa situação carrega a concepção de que a formação do professor polivalente é suficiente para atuar tanto na Educação Infantil, Creche e Pré-escola, como nos primeiros anos do Ensino Fundamental, do 1º ao 5º ano, sem considerar que o professor de Educação Infantil necessita, para sua atuação, de conhecimentos pertinentes à primeira infância, o que o diferencia de um docente das demais etapas de escolaridade.

Para lidar com crianças de 0 a 6 anos, o professor polivalente necessita, por exemplo, de conhecimentos específicos a respeito do desenvolvimento da motricidade, linguagem e cognição, em um nível diferenciado e mais aprofundado do que os docentes que atuarão na faixa etária dos 6 aos 10 anos. Gatti, Barreto, André e Almeida (2019, p. 28), ao investigarem o cenário da formação docente no Brasil, argumentaram que "[...] deve-se considerar que é bem diferente formar-se um educador para a Educação Infantil e um professor alfabetizador [...]. Há peculiaridades que devem ser consideradas e essas não estiveram nas cogitações dos legisladores [...]".

Os impasses levam à diferenciação quanto ao valor social que é atribuído para a formação do professor polivalente. O modelo de formação para a docência na pré-escola compromete a formação do professor de Educação Infantil, que ao longo da história teve uma formação insuficiente e silenciadora. Há lacunas que reverberam na dificuldade de se constituir uma prática docente fundamentada nos princípios humanizadores. Portanto, é essencial que a base de formação do professor polivalente seja a pedagogia crítica, por ter centralidade nas questões de poder, questões presentes na Educação Infantil e que não têm a visibilidade necessária. "A questão do poder e do conhecimento, bem como o modo pelo qual as manifestações de poder medeiam todas as formas de interação [...] são centrais na pedagogia crítica (MORROW; TORRES, 1998, p. 141). *Para a humanização das relações que se dão entre adulto e criança na escola, precisamos falar, investigar e enfrentar criticamente as questões de poder pelo caminho da formação docente.*

As práticas autoritárias não nascem com os professores, elas decorrem de uma história de silenciamento gestada no próprio percurso da formação docente. *Se o professor não tem seu direito respeitado de vivenciar uma formação docente fundamentada em uma perspectiva crítica de educação, como construirá conhecimentos e ter condição de romper esse ciclo?*

Em dezembro de 2019 foram definidas as novas Diretrizes Curriculares Nacionais para a Formação Inicial de Professores para Educação Básica, e tendo em vista que a formação docente ainda precisa avançar para romper o ciclo de silenciamento, trago a seguir compreensões sobre a diretriz que ajudam a desvelar sob que perspectiva a proposta foi idealizada e se seu teor contribui para o desenvolvimento de uma formação docente crítica.

3. A Base Nacional Comum Curricular de Formação Inicial – o que ela nos apresenta de novo?

É preciso olharmos criticamente para o que nos é colocado, compreendendo a Base para além da sua aparência.

Nas últimas duas décadas, duas resoluções instituíram diretrizes para a organização do curso de Pedagogia. A primeira delas, ainda em vigor em todo o território nacional, a Resolução CNE/CP n. 1, de 15 de maio de 2006 (BRASIL, 2006), estabeleceu as Diretrizes Curriculares Nacionais para o Curso de Graduação de Pedagogia, e oficializou-o como licenciatura. A segunda, a Resolução CNE/CP n. 2, de 1º de julho de 2015 (BRASIL, 2015), instituiu as Diretrizes Curriculares Nacionais para a formação inicial em nível superior e para a formação continuada.

As mudanças nas legislações contribuíram com aspectos positivos e negativos para a constituição da identidade do curso. A formação para o professor polivalente, em nível superior, foi uma conquista, uma vez que somente com a LDB n. 9.394/96 passou a ser obrigatória, porém, o paradoxo entre formar bacharéis ou licenciados esteve presente ao longo da existência do curso.

Há um ponto importante a enfatizar com relação às DCNs, CNE/CP n. 2/2015 (BRASIL, 2015), que é o fato de as Práticas terem sido mantidas como componente curricular, uma condição que fragiliza a constituição identitária dos profissionais que por esta formação optam, situação que se agrava no caso do professor de Educação Infantil, pois culmina na redução da docência a habilidades práticas desvinculadas da teoria, resultando na introdução, nos currículos do respectivo curso, de disciplinas e atividades que não tinham (e não têm) vínculo com a formação docente.

As instituições buscam atender o que está previsto na legislação e nas DCNs: formar o pedagogo para atuar na gestão escolar, nos espaços não escolares, como também para atuar nos primeiros anos do Ensino Fundamental e Educação Infantil, porém contribuem para a manutenção histórica do caráter generalista do curso e da formação docente inicial.

> *As matrizes curriculares dos cursos de Pedagogia refletem os mesmos problemas identificados nas DCNs, ou seja, a identificação do campo pedagógico e a dispersão do objeto da pedagogia e da atuação profissional docente. Consequentemente, esses cursos, em sua maioria, não estão dando conta de formar nem o pedagogo e tampouco o professor para os anos iniciais da Educação Básica e para Educação Infantil* (PIMENTA et al., 2017, p. 44).

Os dilemas com os quais a formação docente convive são investigados por pesquisadores vinculados a associações de classes, entidades nacionais que pesquisam e propõem, a partir de mecanismos democráticos, ajustes para que a formação docente se dê na direção da melhora da qualidade do ensino, mas na realidade educacional brasileira lidamos também com as tensões que a BNC-formação (BRASIL, 2018) trouxe, devido a sua conversão ao modelo gerencial neoliberal, que reduz as aprendizagens dos professores às aprendizagens essenciais previstas na Base Nacional Comum Curricular.

A BNC-formação compreende as aprendizagens da docência como algo mensurável e hierarquizado, subordina a formação docente a uma visão utilitarista e instrumental do conhecimento, esvaziando o caráter crítico e humanista da formação de professores. Está alinhada com a pedagogia das competências, que carrega na sua essência as *políticas dos pacotes* da qual Paulo Freire já nos falava em 1993. A pedagogia freiriana nos alerta sobre os objetivos que tais políticas trazem de cercear a autonomia do professor, apassivar seu comportamento, inibir sua criatividade e domesticar sua prática docente. Portanto, a formação que decorrerá destas orientações implementadas de forma acrítica não resultará em mudanças para melhor em uma formação que historicamente silencia os professores.

Precisamos avançar na educação, e à medida que ocorre uma padronização e centralização curricular, que objetivam ampliar o controle sobre a educação, "[...] induzir o aligeiramento curricular para atender aos interesses dos grupos privatistas, hegemonizando o rentável nicho de produção de material didático, livros, *softwares*, pacotes e programas de gestão e de formação de professores" (LINO, 2020, p. 65), podemos retroceder em vez de avançar.

A proposta contida na BNC-formação está em oposição aos pressupostos da pedagogia freiriana, que traz uma concepção crítica e progressista de educação, qual seja, uma formação problematizadora da realidade, que contribua para mudanças, que situe o futuro professor no seu contexto histórico, possibilitando o desenvolvimento da consciência crítica, permitindo-lhe realizar escolhas políticas e ideológicas para que a docência se construa na direção de uma educação libertadora, crítica e ética.

Há a necessidade de os professores analisarem de forma crítica as propostas curriculares, há necessidade de eles terem espaços formativos que lhes possibilitem conhecer e se aproximar da ideologia que está sustentando a proposta curricular institucionalizada.

Nesse sentido, o exercício da escuta conduziu a tais reflexões, que são incomuns no contexto escolar, uma vez que o currículo é compreendido como algo determinado por instâncias superiores, e aos professores só cabe desenvolvê-lo sem discuti-lo. Chamo a atenção para esse aspecto, pois essa é uma concepção que subtrai a nossa capacidade de pensar criticamente sobre os pilares, políticas, normatizações, diretrizes, orientações curriculares, enfim, sobre a profissão docente.

No contexto das formações que são oferecidas, há preocupação ou espaço curricular para pensarmos a educação sob este ângulo? Em caso negativo, isso significa que o professor inicia sua carreira sem realizar tais reflexões e assim continua, o que favorece o exercício acrítico da docência. Precisamos de espaços formativos que permitam que o professor marche no contexto teórico para compreender a realidade da educação brasileira,

Escutar as crianças conduziu a reflexões sobre currículo, porém até aquele momento da vida profissional de cada um deles, não tinham vivenciado nas respectivas formações, inicial ou continuada, momentos em que pudessem dialogar sobre as questões que envolvem o currículo na perspectiva que abordaram. *Investigar a própria prática foi positivo para o amadurecimento intelectual do grupo.*

> **Magali**: *Qual é o ideal que se tem de uma sociedade, a forma como eu vou formar já está ali embutido, como na época dos militares, época das escolas tecnicistas, sempre os interesses estão por trás do que é para ensinar, e nós não nos damos conta. Nós fomos formados dentro de uma perspectiva, e para quebrar isso é complicado.*

Ruth: *É assustador, nos abrirmos para o inesperado, dá um pouco de insegurança.*
Ferreira: *Isso, no nosso dia a dia, é muito perigoso, se o colega estiver muito enraizado neste pensamento, vai pegar o currículo e martelar, martelar, martelar o outro.*
Magali: *Quem agir assim fará isso certo das suas certezas.*
Ferreira: *Pega a razão e coloca embaixo do braço, ele não vai ouvir o aluno nunca.*
Lúcia: *Entendo que o que está faltando muito é o equilíbrio. Estou buscando palavras corretas para me explicar, mas, assim, a igualdade da escuta e do ouvir, da escuta e do falar, acho que isso está faltando, a igualdade está faltando na educação. Um não pode estar lá em cima e o outro lá embaixo. Na educação, o medo que cai sobre os professores, na época que você citou da ditadura, o medo de não ser ouvido e, ao mesmo tempo, ser autoridade na sala. O pensamento de que o professor tem razão em tudo que fala, isso está enraizado, não está? Então, precisamos chegar em uma situação em que todos estejam em um mesmo patamar.*

Os conflitos externados foram fundamentais para trazer à tona questões que estão presentes na realidade e não percebemos cotidianamente. "A ideologia do poder não apenas opaciza a realidade, mas também nos torna míopes para ver claramente a realidade" (FREIRE, 2012, p. 32). Daí decorre a urgência de a pesquisa estar presente na formação inicial e continuada.

Uma formação docente regida pela racionalidade instrumental silencia o professor, fazendo-o objeto e não sujeito nesse processo, essa foi a realidade que os professores que participaram da pesquisa-ação trouxeram. Distanciados daqueles momentos e analisando a experiência formativa que vivenciaram no contexto da pesquisa-ação, comparando-a com as formações de que participavam, disseram:

Magali: *Nós não temos encontros como aqueles, essa formação que tivemos em 2020 eu me senti assim: "será que eu estou falando abobrinha? A preocupação que tem que ter, não tem. Puxa vida, parece que voltamos dez passos para trás".*

> **Ferreira**: *Para dar certo, a Pedagogia de Escuta carece de mudanças da prática, mas também carece de mudança nas formações que temos, quando temos, e também macroconscientização da Secretaria de Educação, além de muito esforço para a gente superar os obstáculos.*

As formações precisam se comprometer com o rompimento do ciclo sujeito/objeto, mencionado pelos professores e presente historicamente na formação docente, para isso reafirmo: é preciso assumir a pedagogia freiriana como alicerce nos processos formativos. Nela estão os pressupostos que ajudam a compreender a gravidade de sermos colocados como objeto e assim permanecermos, contribuindo para a perpetuação das práticas desumanizadoras.

> [...] *Se, na minha experiência de formação, que deve ser permanente, começo a aceitar que o formador é sujeito em relação a quem me considero o objeto, que ele é o sujeito que me forma e eu o objeto por ele formado, me considero como um paciente que recebe os conhecimentos-conteúdos-acumulados pelo sujeito que sabe e que são a mim transferidos. Nessa forma de compreender e de viver o processo formador, eu, objeto agora, terei a possibilidade, amanhã, de me tornar o falso sujeito da "formação" do futuro objeto de meu ato formador* (FREIRE, 2002, p. 25).

A construção de conhecimentos sólidos nos âmbitos científico, cultural, contextual, psicopedagógico e pessoal precisa ser a prioridade da formação inicial. As instituições formadoras precisam ter o compromisso ético de preparar o futuro professor, para compreender e assumir tanto a complexidade que envolve a tarefa educativa, como ajudá-lo a construir o entendimento de que a profissão docente não é um ofício em que predominam estereótipos técnicos, mas que precisa aprender as razões de se realizar determinadas ações ou atitudes, e quando e por que será necessário fazer de outro modo. *Mudar faz parte do processo de aprendizagem.*

Desde o início da sua formação, o futuro professor deve refletir sobre posturas, práticas e crenças que precisam ser repensadas. Trazemos internalizado modelos de docência que assimilamos da nossa escolaridade, e refletir sobre eles pode ser o ponto de partida para nossa constituição identitária. Vejam, na escola existem práticas docentes que são justificadas a partir de argumentos: "sempre fizemos desse jeito e dá certo, então, para que mudar?". A formação do professor, como aponta Imbernón (2010), pode garantir que as tradições e costumes que se perpetuam sejam objeto de reflexões críticas, que podem reverberar na melhoria da educação. As tradições e costumes não podem impedir que a consciência crítica se desenvolva, dificultando o surgimento de novas alternativas que viabilizem a melhoria da profissão.

Essa compreensão pode ser cultivada desde a formação inicial, que por sua vez pode considerar a *escuta pedagógica* como um conhecimento a ser trabalhado, contribuindo para que, no exercício da docência, o futuro professor estranhe o que está posto no âmbito da educação e da escola e está blindado para questionamentos. Um exemplo é a cultura da resposta presente no contexto escolar.

Perguntar oportuniza a fala do outro e exige a escuta daquele que pergunta. *Vamos pensar nisso! Respostas prontas abreviam o espaço da escuta.* Estudar e investigar a própria prática a partir da escuta levou os professores a pensar sobre uma realidade que não recebe a devida atenção na rotina escolar, há um predomínio da cultura da resposta sob a cultura da pergunta.

> A gente pensa o quanto o mundo adulto é muito chato, deve ser muito chato para a criança. Eu considero que a escola é um lugar de perguntas, sabemos disso. Perguntas com respostas a serem construídas, e isso a gente tem que quebrar, porque a escola não é lugar de respostas prontas, ela deve ser um lugar de curiosidade (LÚCIA).

É fundamental que o futuro professor, já no início da formação, possa refletir sobre este aspecto: *a escola deve ser lugar de curiosidade para aluno e professor.* A professora Lúcia apresenta esta conclusão subsidiada pelos conhecimentos que estávamos construindo à medida que estudávamos a pedagogia freiriana. *Questionar é um direito daquele que está aprendendo.*

A pedagogia da pergunta estimula o risco da invenção e da reinvenção, negar o risco é negar a existência humana, e existir implica por sua vez questionar, assombrar-se, agir e transformar (FREIRE; FAUNDEZ, 1985). *Uma orientação curricular elaborada sob uma visão utilitarista objetiva trabalhar com o risco? Ou objetiva estabelecer padrões que respondam* à *previsibilidade das situações programadas e desenhadas em um roteiro?*

Os docentes que vivenciaram uma formação problematizadora tiveram a oportunidade de expor dúvidas e fragilidades decorrentes das formações inconsistentes oferecidas. Dialogicamente, eles criaram e recriaram caminhos metodológicos para escutar as crianças, inserindo uma nova prática docente na rotina. Foi um momento que exigiu aprofundamento teórico que trouxe novos conhecimentos e gerou mudanças significativas.

> *No início da pesquisa tivemos que lançar mão de uma prática, que depois entendemos que era adultocêntrica. Nós dirigimos a escuta dos nossos educandos, ora individual, ora coletiva, e naqueles momentos estávamos iniciando em um terreno novo. Então, o jeito era seguir na tentativa e no erro, e mesmo assim conseguimos resultados auspiciosos, que foram registrados e compartilhados por nós. Com o caminhar da pesquisa vieram indagações, e com elas mudanças de hábitos e a passagem para outro patamar docente* (FERREIRA).

Inventar e reinventar é a base para a criação, quesito que a formação docente deixa lacunas. Não nascemos criativos, são as oportunidades de experimentar o novo, arriscar, errar, se surpreender, inventar, aprimorar a invenção e sentir satisfação em criar algo útil, que mostram que podemos ser criativos. O erro faz parte do processo e alimenta a elaboração de novas possibilidades: "o jeito era seguir na tentativa e erro, mesmo assim conseguimos resultados auspiciosos".

Experiências formativas, como as que se deram na pesquisa-ação, fazem o docente se sentir capaz de criar, elas geram confiança e validam os saberes construídos. *Na escola construímos conhecimento, podemos elaborar teorias e desenvolver práticas que melhorem a qualidade do ensino. É possível errar sem se recriminar. Um processo orientado cientificamente contribui para que todos marchem no contexto teórico, é isso que precisamos buscar na formação inicial e continuada.*

Refletir sobre o porquê e para que adotar a ação de escutar na elaboração da sua prática é o caminho para que a teoria fecunde a prática progressivamente, e os sentidos da prática sejam construídos, oportunizando que se constitua a ideia-força (SACRISTÁN, 2014), a consciência sobre a prática alicerçada na teoria. Cada tarefa docente exige conhecimentos específicos e uma forma específica de relacionar conhecimento e ação; se o conhecimento de apoio à prática for precário, culmina no professor agir pautado nas suas convicções e nos aprendizados que foram adquiridos culturalmente por meio da socialização, mais do que baseado no saber pedagógico.

O agir necessário pautado no saber pedagógico, que valorize as vozes das crianças, para se concretizar precisa da Didática, ciência que tem como objeto a educação como disciplina essencial na formação docente. A Didática possibilita que o ensino, que por sua vez é o núcleo do trabalho docente, possa se dar contextualizado, planejado, subsidiado por concepções pedagógicas, para que os professores entendam os conteúdos e métodos como meios para a compreensão da criança, do mundo que nos cerca e do mundo que corresponde ao universo infantil, das contradições presentes na sociedade em que criança e docente estão inseridos.

Os pontos apresentados até aqui discutiram a complexidade que há para construirmos conhecimentos que alicercem o exercício da nossa profissão. Precisamos de saberes sólidos que ajudem a transformar a realidade que silencia professores e crianças, logo, precisamos de uma formação crítica, daí decorre a necessidade de avançarmos para além da aparência da BNC-formação. Essa orientação traz uma visão de homem como ser da adaptação e de ajustamento, para criar precisamos desnudar o mundo, como ocorreu no processo de investigação da escuta, e quem se ajusta à realidade aceita-a sem criticidade.

É urgente oferecer para o professor uma formação que o incentive a se mover na direção da transformação e tenha a pesquisa como ponto de partida para toda e qualquer ação docente. *Chega de silenciamento, adaptar e ajustar é silenciar. Basear a formação no desenvolvimento de competências demonstra uma visão restrita e instrumental da docência.*

A prática docente não é imutável, mas a Base trata-a como se fosse ao desconsiderar que o papel da teoria é iluminar a prática e oferecer instrumentos e esquemas que possibilitem a análise e a investigação da própria prática pelos professores, para que questionem suas certezas e compreendam que as teorias são explicações provisórias da realidade. A Base não objetiva a superação da dissociação e paralelismo entre os conhecimentos disciplinares e conhecimentos pedagógicos que são prejudiciais ao curso de Licenciatura em Pedagogia.

> [...] *O curso de licenciatura em pedagogia continua genérico e com uma débil formação nas metodologias, estando separado dos conteúdos específicos da educação infantil e séries iniciais do ensino fundamental, uma vez que estão ausentes do currículo.* [...] *O conhecimento pedagógico e o conhecimento disciplinar correm em paralelo, dissociados, aprofundando a desvinculação entre as metodologias de ensino e os conteúdos, entre métodos de ensino e métodos investigativos* (LIBÂNEO, 2015, p. 635-636).

A desvinculação citada resulta na ausência da compreensão, pelos docentes, de que o ato de ensinar não é independente da pesquisa,

> Segundo Corsaro (2002, p 116), "[...] a abordagem interpretativa considera a socialização como um processo produtivo-reprodutivo de densidade crescente e de reorganização do conhecimento que muda com o desenvolvimento cognitivo e competências linguísticas das crianças e com as mudanças nos seus mundos sociais. Uma mudança importante nestes mundos é o movimento das crianças fora do seu meio familiar. Através da interação com os colegas, as crianças produzem a primeira de uma série de culturas de pares nas quais o conhecimento infantil e as práticas são transformadas gradualmente em conhecimento e competência necessárias para participar do mundo adulto. [...] a produção da cultura de pares não é só uma questão de simples imitação nem por uma apropriação direta do mundo adulto. As crianças apropriam-se criativamente da informação do mundo adulto para produzir a sua cultura de pares".

assim como na inconsistência de conhecimentos fundamentais para se atuar junto à criança pequena, como o adultocentrismo, a reprodução interpretativa e a compreensão de que há diferentes infâncias no contexto escolar e suas respectivas vinculações com os contextos sociais, educacionais, políticos e filosóficos. A formação inicial se mostra insuficiente para uma atuação do professor de Educação Infantil, pois as fragilidades dessa formação contribuem para que as práticas adotadas pelos docentes junto às crianças pequenas ainda estejam atreladas a modelos tradicionais encontrados no Ensino Fundamental, logo, inadequadas à fase de desenvolvimento das crianças entre 0 e 6 anos de idade.

As instituições formam o professor de Educação Infantil, mas a formação não atende às especificidades e necessidades da escola real, da criança real, e foi para conhecermos a criança real e a compreendermos como sujeito de direito, coparticipante do seu processo de aprendizagem, é que a escuta pedagógica foi pensada e constituída. Considero que a formação docente, para atender às especificidades e à complexidade presente no processo ensino-aprendizagem das crianças, que exige primordialmente os processos de interação mencionados nas DCN-EI (BRASIL, 2009), não pode ser compreendida como um processo finito, mas contínuo no cotidiano da profissão.

4. Educação Infantil – espaço de silêncio ou de voz?

Da invisibilidade da escuta nas legislações brasileiras e orientações curriculares à sua presença como competência. Será esse o caminho?

Para discutir a escuta na legislação educacional brasileira da Educação Infantil, tomei por base a nossa atual Lei de Diretrizes e Bases da Educação Nacional e as Diretrizes Curriculares Nacionais para a Educação Infantil de 1999 e 2009. O reconhecimento nacional de que a criança tem o direito de ser atendida em creches e pré-escolas, vinculando esse atendimento à área educacional, se deu no ano de 1988. Em 1996, a Educação Infantil passou a integrar a etapa inicial da educação básica, situando-se no mesmo patamar do Ensino Fundamental e do Ensino Médio. Destaco a seguir a referência presente na LBD 9394/96, pertencente à Educação Infantil.

> Art. 4º O dever do estado com a educação escolar pública será mediante a garantia de:
> IV – Atendimento gratuito em creches e pré-escolas às crianças de zero a seis anos de idade.
> Art. 29 A educação infantil, primeira etapa da educação básica, tem como finalidade o desenvolvimento integral da criança até seis anos de idade, em seus aspectos físico, psicológico, intelectual e social, complementando a ação da família e da comunidade.
> Art. 30 A educação infantil será oferecida:
> I – em creches, ou entidades equivalentes, para crianças de até três anos de idade;
> II – em pré-escolas, para crianças de quatro a seis anos de idade.
> Art. 31 Na educação infantil a avaliação far-se-á mediante acompanhamento e registro do seu desenvolvimento, sem o objetivo de promoção, mesmo para o acesso ao ensino fundamental (BRASIL, 1996).

A lei determina que a criança deve ter o desenvolvimento integral garantido, o que engloba o desenvolvimento psicológico, social e intelectual; logo, podemos presumir que faz parte do desenvolvimento integral o direito de participar ativamente do seu processo de aprendizagem, de falar e de ser escutada, porém, apesar desse momento representar um avanço para a Educação Infantil, ele não contemplou como prioridade o pedagógico. A lei atendeu a urgências, mas o pedagógico não foi priorizado.

Sejam as urgências que a lei precisou atender no passado ou a cultura do assistencialismo instalada na Educação Infantil, as marcas deixadas pela desatenção com a formação do professor polivalente e com a Educação Infantil estão até hoje presentes. Campos *et al.* (2010) pesquisaram a qualidade da Educação Infantil e verificaram que nas escolas faltavam materiais que favorecessem experiências ricas de aprendizagem, nos ambientes escolares havia poucas oportunidades para brincadeiras e atividades de motricidade ampla, e ainda, que a maioria das crianças de pré-escola da amostra não tinham incorporado modelos de organização de espaço e tempo.

As diversas leis e resoluções reforçaram que a expansão e o acesso foram garantidos, mas quanto ao pedagógico: o direito a ser escutada, como ficou?

As resoluções que estabeleceram, nos últimos vinte anos, as diretrizes para a Educação Infantil apresentaram orientações que conduziram reflexões sobre as concepções de infância e de Educação Infantil que orientassem a prática docente, a organização curricular, a elaboração das propostas pedagógicas, enfim, que dessem um norte, tanto pedagógico como administrativo, aos sistemas de ensino nacional. Identifiquei que os aspectos de cunho pedagógico, nos quais a escuta precisa ser contemplada, apareceram estabelecidos como regras na Lei n. 12.976/2013 (BRASIL, 2013), e no artigo 31 há dois incisos destinados ao atendimento pedagógico.

Art. 31 – A educação infantil será organizada de acordo com as seguintes regras comuns:

> *I – avaliação mediante acompanhamento e registro do desenvolvimento das crianças, sem o objetivo de promoção, mesmo para o acesso ao ensino fundamental;*
> *V – expedição de documentação que permita atestar os processos de desenvolvimento e aprendizagem da criança* (BRASIL, 2013).

Tais incisos fixam que há de se ter mecanismos nas escolas que garantam o acompanhamento das crianças, e tal determinação traz a prerrogativa de que seja adotada uma ação pedagógica que cumpra o estabelecido na lei, pressupondo-se que, para seguir a regra estabelecida, há de se adotar uma prática docente que permita a interação adulto-criança e criança-criança. Tal interação, para acontecer, carece de espaços/tempos nos quais a criança participe com sua oralidade, que lhe seja garantido o direito de falar e ser escutada. Desse modo, a escuta das crianças precisaria compor e orientar a prática docente para atender ao dispositivo legal.

Os estudos nos quais me referenciei para apresentar o percurso histórico tanto da formação docente como da Educação Infantil, estabelecendo relação entre eles e a escuta, enfatizaram que as discussões realizadas a partir da Constituição de 1988 objetivaram rever as concepções sobre Educação Infantil e refletir sobre como trabalhar pedagogicamente com as crianças pequenas. Discussões que sinalizaram a necessidade que sempre esteve latente entre aqueles que se debruçaram sobre a questão da Educação Infantil: buscar uma forma mais adequada para se lidar com a educação escolar das crianças pequenas.

No mesmo sentido, o Ministério da Educação fixou as Diretrizes Curriculares Nacionais da Educação Infantil – DCN-EI (BRASIL, 2009), resultado de estudos conjuntos entre associações, universidades, pesquisadores e Ministério da Educação. E é importante refletirmos a partir do texto das diretrizes sobre o que colocaram os pesquisadores:

> *O campo da Educação Infantil vive um intenso processo de revisão de concepções sobre educação de crianças em espaços coletivos, e de seleção e fortalecimento de práticas pedagógicas mediadoras de aprendizagens e do*

> *desenvolvimento das crianças. Em especial, têm se mostrado prioritárias as discussões sobre como orientar o trabalho junto às crianças de até três anos em creches e como assegurar práticas junto às crianças de quatro e cinco anos que prevejam formas de garantir a continuidade no processo de aprendizagem e desenvolvimento das crianças, sem antecipação de conteúdos que serão trabalhados no Ensino Fundamental* (BRASIL, 2009, p. 7).

As diretrizes alertam para a necessidade dessa etapa tão importante da infância na escola, que é a Educação Infantil, não ser abreviada, mas há uma tendência a se fazer o oposto do que propõe a diretriz, que é ensinar conteúdos que pertencem ao rol dos itens que serão cobrados nas avaliações institucionais, e que se acredita que a criança precisa dominar para não iniciar o Ensino Fundamental em defasagem de conhecimentos. Acelerar o aprendizado da criança, queimar etapas do seu desenvolvimento, materializa o processo histórico de colonização da Educação Infantil pelo Ensino Fundamental. *Precisamos ver essa realidade com estranheza e não naturalidade. É direito da criança ter seus tempos de aprendizagem respeitados. É direito do professor ter uma formação docente que contribua para a superação do olhar ingênuo sobre essa realidade.*

Quanto à escuta, ela é mencionada nas DCN-EI, mas a escuta das famílias, no sentido de conhecer a criança a partir do núcleo familiar: "[...] a participação, o diálogo e a escuta cotidiana das famílias, o respeito e a valorização de suas formas de organização" (BRASIL, 2009, p. 19). Orientação positiva, mas esta etapa é *parte constitutiva* da relação escola e família, necessitando da participação da criança a partir da sua voz, da sua escuta, objetivando a construção de uma prática docente que prime pela humanização da relação adulto/criança. Portanto, nas legislações e orientações citadas, não há referência à escuta como orientação pedagógica. A escuta como proposta pedagógica surge no cenário da Educação Infantil a partir da Base Nacional Comum Curricular de Educação Infantil (BNCC-EI), e a seguir trato da escuta nela contida (BRASIL, 2018).

4.1. A Base Nacional Comum Curricular de Educação Infantil – a escuta como competência, será esse o caminho?

Em dezembro de 2017, foi aprovada pelo MEC a BNCC-EI. A aprovação se deu de forma sigilosa, em caráter de urgência e sem uma ampla discussão ou participação social na sua construção, devido a pressões de grupos empresariais de reformadores empresariais da educação.

Nos estudos realizados por Cara (2019), ficam evidenciados os interesses e tensões presentes na BNCC-EI, cuja proposta vem ao encontro dos anseios dos ultraconservadores, uma vez que excluiu, a pedido de representantes das frentes evangélica e católica, temas referentes à identidade de gênero e de orientação curricular. Com essa exclusão, o governo na ocasião decidiu que não faria parte do currículo discussões e promoção de valores ligados ao enfrentamento do machismo, homofobia, sexismo, misoginia e, ainda, incluiu o ensino religioso em razão das pressões do Movimento Escola sem Partido.

> Luiz Carlos de Freitas, doutor em Psicologia Experimental e mestre em Educação, ao discorrer sobre o neoliberalismo, define como reformadores empresariais da educação o grupo de empresários que tratam e lidam com a educação como uma mercadoria. Assim como compreendem a escola como uma empresa, que precisa e deve estar submetida a processos de gestão empresarial, ou seja, objetivos claros, quantificação de metas, sistematização de processos, regulada por mecanismo de avaliação (provas em larga escala), premiação, punição e correção de desvios (FREITAS, 2014).

O conteúdo da atual BNCC vem estruturado na proposta de despolitização da educação, obstruindo as reais necessidades da educação nacional. A orientação, devido a sua essência praticista, incute nos sistemas educacionais um currículo antidemocrático, no qual a democracia não é compreendida como um conceito político, mais sim econômico e, ainda, conduz para que assuntos como violência contra a criança, as mulheres ou negros, por exemplo, que há tempos fazem parte das discussões curriculares em nosso país, sejam vistos como pertencentes à arena privada e não pública, o que representa um retrocesso.

Olhar a Base por esse ângulo é necessário, pois precisamos entender qual ideologia alicerça o currículo que orienta a educação nacional, e refletir criticamente sobre sua proposta. Os professores, ao investigar a escuta, puderam refletir sobre o currículo, algo incomum no contexto escolar, conforme mencionei anteriormente, mas essencial para desenvolvermos o pensamento crítico sobre a realidade educacional brasileira: "Qual é o ideal que se tem de uma sociedade, a forma como eu vou formar já está ali embutido [...] época das escolas tecnicistas, sempre os interesses estão por trás do que é para ensinar, e nós não nos damos conta" (MAGALI).

Educar por competências não objetiva o desenvolvimento da criticidade, tampouco carrega um projeto emancipatório de educação. O foco é o desenvolvimento da cognição, que pode ser medido nos testes de larga escala, e não o desenvolvimento da criatividade, do corpo, da capacidade emocional e afetiva das crianças, pois essas não podem ser medidas. Educar por competências objetiva consolidar o que se aprende a partir do caráter funcional do que é ensinado, adotando o enfoque utilitarista direcionado para o saber fazer. Tal propósito é apresentado na introdução da Base, ao definir competência: "[...] mobilização de conhecimentos de [...] habilidades, atitudes e valores para resolver demandas complexas da vida cotidiana, do pleno exercício da cidadania e do mundo do trabalho" (BRASIL, 2018, p. 8). E acrescenta que essa definição reconhece que a educação realizada sob a perspectiva das competências contribuiu para a transformação da sociedade, tornando-a mais justa, mais humana e consciente.

Desenvolver as competências é formar para o saber fazer, e o saber por quê, para quem e como fazer, onde está enfatizado na BNCC-EI para afirmarem que haverá uma transformação na sociedade? Para transformar não basta saber fazer.

Utilizar a linguagem das competências na educação é buscar por uma maneira de condicionar o que faremos, levando-nos a acreditar que estamos optando por algo novo, quando estamos optando pela tradição (SACRISTÁN, 2011). Tradicionalmente na escola, a professora é chamada de tia, a escola incentiva a criança a chamar a professora de tia, precisamos compreender que isso, como nos revela Freire (2012, p. 47), é uma "[...] inocente armadilha ideológica em que, tentando-se dar a ilusão de adocicar a vida da professora, o que se tenta é amaciar a sua capacidade de luta ou entretê-la no exercício de tarefas fundamentais".

Essas palavras são cada vez mais atuais e nos ajudam a compreender que a concepção de currículo que norteou a elaboração da BNCC se opõe à perspectiva freiriana, que conceitua currículo como "[...] a política, a teoria e a prática do que-fazer na educação, no espaço escolar, e nas ações que acontecem fora desse espaço, numa perspectiva crítico-transformadora" (SAUL, 2017, p. 109).

Proponho, a partir dos fundamentos epistemológicos presentes nessas colocações, que tenhamos um olhar insurgente perante o currículo oficial, para fugir do engessamento que tenta capturar o cotidiano. Precisamos apostar coletivamente na recriação de um currículo humanizado para as crianças pequenas, considerando as especificidades e singularidades de cada fase da criança e do contexto em que ela se encontra. Para tanto, é necessário refletir sobre a escuta presente na BNCC-EI.

Ela é a primeira orientação curricular em que a ação de escutar foi considerada e mencionada como um pressuposto para o processo de ensino-aprendizagem, constituindo um dos cinco campos de experiência. E nesse sentido avançamos.

> **Escuta, fala, pensamento e imaginação** – *Desde o nascimento, as crianças participam de situações comunicativas cotidianas com as pessoas com as quais interagem. As primeiras formas de interação do bebê são os movimentos do seu corpo, o olhar, a postura corporal, o sorriso, o choro e outros recursos vocais, que ganham sentido com a interpretação do outro. Progressivamente, as crianças vão ampliando e enriquecendo seu vocabulário e demais recursos de expressão e de compreensão, apropriando-se da língua materna – que se torna, pouco a pouco, seu veículo privilegiado de interação. Na Educação Infantil, é importante promover*

experiências nas quais as crianças possam falar e ouvir, potencializando sua participação na cultura oral, pois é na escuta de histórias, na participação em conversas, nas descrições, nas narrativas elaboradas individualmente ou em grupo e nas implicações com as múltiplas linguagens que a criança se constitui ativamente como sujeito singular e pertencente a um grupo social (BRASIL, 2018, p. 42).

Os cinco campos de experiência apresentados na BNCC-EI tiveram como aporte teórico os modelos de educação adotados na Itália, nas escolas de Reggio Emilia, proposta e organização escolar que tem como princípio basilar a participação ativa da criança. Os pesquisadores Barbosa, Cruz, Fochi e Oliveira (2016), que participaram da elaboração das primeiras versões da Base, orientam que os campos de experiência não devem ser vinculados à área do conhecimento ou de disciplina escolar. Esclarecem que cada um deles oferece, para as crianças, a oportunidade da interação com seus pares e demais pessoas, objetos, situações, e oportunizam que cada criança atribua sentido pessoal para as interações que vivencia a partir das mediações realizadas pelos docentes, com o objetivo de qualificar e aprofundar as aprendizagens ocorridas no processo.

> "O sistema Reggio Emilia é uma coleção de escolas para crianças pequenas, nas quais o potencial intelectual, emocional, social e moral de cada criança é cuidadosamente cultivado e orientado. O principal veículo didático envolve a presença dos pequenos em projetos envolventes, de longa duração, realizados em um contexto belo, saudável e pleno de amor" (EDWARDS; GANDINI, FORMANN, 2016, p. 13).

Tal organização vem propor um olhar epistemológico mais apurado e mais sensível para as orientações presentes nesse documento e para a prática docente a ser adotada com base nas orientações contidas na BNCC-EI. A proposta, olhada por esse ângulo, vem carregada de legitimidade. Entretanto, em seu texto final, a BNCC-EI não adentra às especificidades do que vem a ser a experiência, explicando brevemente o que constitui os campos.

Os campos de experiência constituem um arranjo curricular que acolhe situações e experiências concretas da vida cotidiana das crianças e de seus saberes, entrelaçando-os aos conhecimentos que fazem parte do patrimônio cultural. [...] também se baseiam no que dispõem as DCNEI em relação aos saberes e conhecimentos fundamentais a serem propiciados às crianças e associados às suas experiências (BRASIL, 2018, p. 40).

Essa dimensão da experiência vem ao encontro das atividades que são oportunizadas para as crianças, e que por vezes não estão adequadas para determinada etapa de desenvolvimento em que se encontram, podendo estar além ou aquém do que ela está preparada para realizar; se não estiver claro para o professor o conceito de experiência, a organização da BNCC-EI pode ser interpretada pelo senso comum, e com isso há o empobrecimento do processo ensino-aprendizagem.

O conceito de experiência presente nos estudos da pedagogia, constituído por teóricos como John Dewey (1859-1952), precursor desse conceito, nos diz que a experiência é "[...] uma forma de interação, pela qual os dois elementos que nela entram – situação e agente – são modificados" (TEIXEIRA, 1930 *apud* OLIVEIRA-FORMOSINHO; KISHIMOTO; PINAZZA, 2007, p. 34). Para Dewey, a experiência é regida pelos princípios da continuidade e da interação, e, de acordo com o teórico, se o que aprendermos com uma experiência for verdadeiramente significativo, teremos condições de usar as aprendizagens ocorridas em experiências futuras.

> "Dewey explica o princípio da continuidade ou continuidade experiencial pelo conceito de hábito (ou, como prefere, hábitos intelectuais), não como um modo mais ou menos fixo e rotineiro de fazer as coisas, mas como permanência de dados de experiências vividas pela pessoa, dos quais ela pode lançar mão a qualquer momento, influenciando na qualidade das experiências subsequentes" (DEWEY *apud* PINAZZA, 2007, p. 76). [...] "Condições objetivas externas determinam sua natureza quando envolvidos em um jogo recíproco com as condições internas do indivíduo. Este é o segundo princípio que define o valor da experiência: a interação entre as condições externas e internas, o que se chama de situação" (PINAZZA, 2007, p. 76).

Acrescenta que escola e professores precisam ter saberes que lhes possibilitem extrair dos ambientes físicos e sociais tudo que pode vir a contribuir para fortalecer experiências valiosas, uma vez que há experiência que não é educativa, pois gera obstáculos e impede a ocorrência de experiências posteriores; essas podem ser interessantes, mas ficam perdidas e não desencadeiam condições para novas experiências (PINAZZA, 2007). Em momentos distintos da investigação da própria prática, o professor Ferreira, ao observar a realidade criticamente e refletindo sobre a escuta, compartilhou:

> *Já observei na aula de educação física o professor tentando passar um movimento para a turma e praticamente forçando o aprendiz a replicá-lo, até a sua semelhança, esquecendo que o aprendiz tem suas próprias peculiaridades e limitações* (FERREIRA).

A experiência significativa não decorre de uma situação em que a criança é pressionada para atingir o resultado esperado pelo professor, nem da sua participação silenciosa que a impede de externar suas dificuldades; essa é uma experiência perdida, pautada no senso comum e isenta de criticidade. Para ser significativa, a experiência é construída em parceria com a criança, desenvolve-se de forma processual e ambas as partes aprendem.

A construção de uma experiência significativa decorre de um processo em que a criança é observada, em que o professor precisa ter conhecimentos sobre a sua etapa de desenvolvimento, suas necessidades, dificuldades e possibilidades, compreendendo também a razão de ser do que faz, para que faz, e para quem faz, e para atingir esse nível de compreensão é preciso construir sentidos para a razão de ser da escuta das crianças.

> *Antigamente no tempo do lugar-comum, escutávamos e só. Eu percebia a criança, mas não a ouvia, não valorizava essa atitude de uma forma mais profunda, apenas superficialmente. No modus operandi que se pratica no senso comum, é só olhar para o educando e despejar a profecia, sem escutá-lo, e isso se torna uma falácia. Posso dizer que hoje em dia, trabalhando com educando de quatro, cinco, oito e nove anos, não me limito apenas a olhar para a criança, apesar de ter 45 minutos com elas. Eu procuro ouvir a voz de cada uma delas, mesmo daquelas que não falam direito, das tímidas, das que falam sem parar. Procuro entendê-las e entender como elas me veem e veem a aula. Daí temos um bom ponto de partida para um bom entendimento e um aprendizado proveitoso* (FERREIRA).

A escuta ideal presente na BNCC-EI carece de aprofundamento para que o professor possa compreender que, para formar crianças livres, críticas e criadoras, precisamos mais que um saber fazer oriundo da pedagogia das competências; as orientações contidas na base conduzem a um "que-fazer" de crianças e adultos que não questiona, não transforma e não humaniza, condição que restringe o aprendizado de todos os envolvidos no processo ensino-aprendizagem e, consequentemente, diminui as possibilidades de ressignificação e humanização da prática docente.

De acordo com a atual BNCC-EI, cabe ao professor polivalente garantir, no processo de ensino, os direitos de aprendizagem e desenvolvimento, de conviver, brincar, participar, explorar, expressar e conhecer-se, além de ter como direcionamento para suas ações educativas nove objetivos que foram estabelecidos para o campo de experiência que contempla a escuta. Isso me leva a considerar que a escuta sugerida está inserida em uma proposta curricular que não foi pensada e elaborada considerando a realidade das escolas, os contextos em que estão inseridas, as demandas dos professores, dos alunos e da comunidade escolar; desconsiderou, também, o conhecimento construído pelas pesquisas educacionais que abordam o silenciamento histórico das vozes infantis nas salas de aula.

A ação de escutar não é simples, tampouco utilitária e mecânica. As colocações dos professores evidenciam o quanto precisamos problematizar a realidade e refletir criticamente para aprimorarmos a nossa prática. E nesse sentido, a Base está distante da realidade que vivemos no "chão" das escolas brasileiras, traz para o seu interior, de forma autoritária, a "política dos pacotes", que carrega no bojo a crença de que os professores são incapazes de saber e criar, cabendo-lhes implementar acriticamente o que é estabelecido verticalmente, e

> [...] o curioso nisso tudo é que, às vezes, os "sabichões" e as "sabichonas" que elaboraram com pormenores seus pacotes chegam a explicitar, mas quase deixam implícito no seu discurso que um dos objetivos precípuos dos pacotes, que não chamam assim, é possibilitar uma prática docente que forje mentes críticas, audazes e criadoras. E a extravagância de uma tal expectativa

> *está exatamente na contradição chocante entre o comportamento apassivado da professora, escrava do pacote, domesticada a seus guias, limitada na aventura de criar, contida em sua autonomia e na autonomia de sua escola, e o que se espera da prática dos pacotes: crianças livres, críticas, criadoras* (FREIRE, 2012, p. 36).

O cenário real está expresso nas palavras de Paulo Freire. A BNCC-EI não está alinhada com uma proposta progressista de educação. Ao trazer a escuta como prescrição, não contribui para libertar, humanizar e democratizar o direito à voz tanto da criança como do professor. A escuta pedagógica, para assim ser, ultrapassa os limites conceituais, procedimentais e atitudinais que a BNCC-EI traz consigo.

Ser escutada pedagogicamente é um direito da criança, direito que se concretiza a partir de uma educação humanizadora e de qualidade para as crianças pequenas, na qual a prática docente precisa ter como finalidade, oportunizar espaço para a criança narrar, questionar, experimentar, observar, brincar, imaginar, fantasiar, construir sentidos para suas vivências, ou seja, participar ativamente do seu processo de aprendizagem, sendo compreendida como coconstrutora do seu processo de aprendizagem.

Para aprofundar os conhecimentos sobre as DCN-EI e BNCC-EI, sugiro leitura compartilhada e organização de círculo de discussões para a realização de reflexões coletivas quanto ao teor das respectivas orientações.

Também convido você, leitor, a revisitar suas memórias, assim como fizeram os docentes que se propuseram a pesquisar a própria prática. Escreva para você, converse com você e escute a si mesmo sobre suas experiências escolares e de vida. Vale a pena esse reencontro. Se desejar, compartilhe comigo suas memórias, escutar você será muito bom. Caso aceite meu convite, deixo meu *e-mail*: simone.nogueira797@gmail.com.

III

A escuta se constituindo pedagógica

> *Conhecer, para mim, é algo belo! Na medida em que conhecer é desvendar um objeto, o desvendamento da "vida" ao objeto, chama-o para a "vida", e até mesmo lhe confere uma nova "vida". Isso é uma tarefa artística, porque nosso conhecimento tem qualidade de dar vida, criando e animando os objetos enquanto estudamos*
> (FREIRE, 2011, p. 199).

Neste capítulo apresento o processo a partir do qual a escuta das crianças se constituiu pedagógica, sendo desvelada a partir da pesquisa da própria prática realizada por professores que ousaram refletir, aprender, criar, enfim, conhecer a realidade pelo olhar do outro, a criança e seus pares, e compreendê-la para além daquilo que é posto ou nos parece verdade. Os professores se encontraram com o belo, como nos coloca Freire, e construíram sentidos para o ato de escutar a criança. Para tanto, optei por compartilhar todo o percurso, baseando-me nos diálogos realizados nos encontros formativos da pesquisa-ação pedagógica que possibilitaram a realização da formação continuada no contexto escolar. O objetivo é aproximar os leitores da dinâmica formativa vivenciada pelos cinco professores que se propuseram a investigar a própria prática docente, a partir da escuta das crianças. As falas expressam a essência do que foi experienciado; as palavras, os detalhes, as ideias e reflexões críticas que os diálogos trazem foram fundamentais para que ocorresse, como resultado da formação continuada, a constituição da práxis da escuta.

Transcrevo os diálogos como se deram, com o propósito de que todos os leitores possam sentir e perceber o envolvimento dos professores e, talvez, escutar a partir da escrita o clima e o comprometimento dos docentes com os estudos que desenvolvemos, que permitiram que eles falassem sobre seus sentimentos, mostrando a boniteza do processo formativo que os docentes participaram. E enfatizo que assim se fez devido ao anúncio realizado a partir da escuta pedagógica.

"Penso que estávamos no lugar certo, no momento certo e com as pessoas certas, provavelmente não nos encaixaremos mais nos moldes anteriores." As palavras do professor Ferreira ao avaliar a formação, somadas às colocações da professora Magali, que acrescentou que "as escolas não têm essa formação em equipe como nós vivenciamos. A formação deixou saudades", são contribuições muito valiosas.

Elas externam tanto uma crítica à realidade como satisfação com a experiência vivida, e trazem esperança de que é possível transformar uma realidade em que historicamente as crianças são silenciadas em uma na qual as vozes infantis e suas narrativas colaborem com a elaboração e desenvolvimento da prática pedagógica.

Que o processo e as transformações apresentadas a seguir inspirem, a partir da *escuta pedagógica*, novos processos formativos, e que esses contribuam para a humanização e a democratização das relações que se estabelecem no contexto escolar.

1. Escuta, pesquisa e protagonismo docente

A escuta foi desvendada a partir da pesquisa que possibilitou aos professores conhecerem e viverem o protagonismo docente. Os participantes conferiram, a partir da investigação da própria prática, uma nova vida para a escuta, desencadeando por meio da pesquisa uma perspectiva de atuação e desenvolvimento profissional que até então não conheciam.

Criamos pesquisando. A pesquisa trouxe ânimo e esperança para os professores, e isso é fundamental para nos motivarmos a aprender e melhorarmos naquilo que nos propomos a desenvolver em sala de aula e no contexto escolar. A compreensão do papel da pesquisa na construção da nossa prática pedagógica não se dá pelo discurso; é preciso viver a pesquisa para atribuir sentido a ela, assumindo-a na rotina escolar.

Escutar as crianças e viver a experiência de pesquisar a própria prática fez com que o estranhamento diante da pesquisa fosse superado. No início da investigação, o professor Ferreira disse: "Me senti inseguro quando você me convidou para participar da pesquisa, não me sentia capaz". Na finalização da segunda etapa da pesquisa-ação, a avaliação que fez denota que é possível construirmos caminhos para a superação da dissociação que há entre teoria e prática: "Me senti útil durante todos os encontros. A metodologia acrescentou experiência à prática de cada participante".

O valor pedagógico da pesquisa foi reconhecido e veio a partir da escuta das crianças realizada com intencionalidade. Pesquisar com um propósito, com uma intenção, com organização, de forma sistemática, é a maneira de compreendermos os sentidos da pesquisa. Freire (2002, p. 32) diz que "[...] faz parte da natureza da prática docente a indagação, a busca, a pesquisa. O que se precisa é que, em sua formação permanente, o professor se perceba e se assuma como pesquisador". *A escuta pedagógica foi o caminho para que os cinco docentes se assumissem pesquisadores.*

Considero que é essencial e urgente que a formação docente se dê inspirada e estruturada na pesquisa, que é um saber da docência preconizado na pedagogia freiriana: "[...] não há ensino sem pesquisa e pesquisa sem ensino. Esses que-fazeres se encontram um no corpo do outro" (FREIRE, 2002, p. 32). As formações docentes organizadas a partir de uma racionalidade problematizadora contribuem para que os professores possam atribuir sentidos à pesquisa no seu cotidiano profissional. Nesta perspectiva é que problematizamos a realidade em que professores, historicamente silenciados e sem espaços coletivos para refletir criticamente sobre a própria prática, acabam solitariamente fechados nas próprias verdades, crenças e valores, logo, vulneráveis para recorrer a práticas docentes acríticas e silenciadoras das vozes infantis. *Para romper com esse ciclo no contexto escolar, precisamos de formações docentes que venham ao encontro da realidade em que crianças e professores estão inseridos.*

Abro um parêntese para salientar a importância da formação continuada desenvolvida no lócus escola, como a que desenvolvemos. Formações assim desafiam o que está posto no cenário da educação nacional, validando cientificamente uma experiência formativa concreta, mostrando que é possível no contexto das nossas escolas desenvolvermos formações que contribuam efetivamente para a melhoria da qualidade do ensino. Lidamos atualmente com normatizações e diretrizes tecnicistas, como a Resolução CNE/CP n. 1/2020 (BRASIL, 2020) em vigor, que formaliza a mercantilização da formação continuada em larga escala, permitindo que "organizações especializadas" possam oferecer esta modalidade de formação, concorrendo ou substituindo a formação no lócus escola.

Esta é mais uma traição ideológica (FREIRE, 2012) que se soma às demais a que os professores, tanto nos seus percursos escolares, como na formação inicial, foram submetidos e que contribuíram para a constituição de práticas docentes acríticas junto às crianças.

O processo formativo vivenciado pelos professores mostrou seu significativo valor pedagógico e se deu em defesa da pesquisa no contexto escolar, garantindo o direito que o professor tem de constituir e participar de coletivos pesquisadores no ambiente em que atua, objetivando transformar a realidade escolar para melhor. As falas dos professores na etapa final da pesquisa-ação, ao relembrarem o processo formativo vivido, mostra o quanto a experiência foi positiva e marcante no percurso profissional e pessoal dos docentes. *O coletivo fortalece a atuação docente, e assim aconteceu.*

> **Ruth:** *Os encontros com o grupo foram bons, foi muito bom estudar, fazer pesquisa, porque cada um deu a sua contribuição, estávamos juntos aprendendo.*
> **Ferreira***: É bom rememorar nossos encontros; como disse a colega Lúcia: "entramos em um verdadeiro túnel do tempo". De minha parte, eu considerava os HTPCs, digo HTPC, porque nossos encontros eram nesses horários, mais produtivos naquele ano, motivadores e muito aguardados por todos nós. (Grifos meus).*
> **Magali:** *Eu concordo com o Ferreira, os HTPCs da pesquisa eram bem mais produtivos. Serviram como alimento para nossas práticas. Eu interpretei nossos encontros como momentos fundamentais. Nos nossos encontros estávamos juntos, nós tínhamos uma convivência, tínhamos parceria.*

Com os resultados alcançados na investigação da prática, é possível afirmar que precisamos de formações que permitam aos professores construírem conhecimentos, e não de pacotes de formação prontos e descontextualizados da realidade, pois esses causam esvaziamento progressivo das propostas educacionais. Essa é uma forma de tentar enquadrar normativamente os docentes, o que restringe as possibilidades de os professores atribuírem sentido à ação presente.

Os sentidos para o ato de escutar, na dinâmica do processo ensino-aprendizagem, decorreram de uma investigação rigorosa e criteriosa. Nas etapas da pesquisa-ação, primamos pela organização de todo o processo, documentando nosso percurso de estudo em portfólio, registramos com fotos, apontamentos dos estudos, ações adotadas, avaliações e as transcrições dos áudios dos encontros formativos.

Nos encontros, os docentes tiveram a oportunidade de estudar, ler, buscar informações que contribuíram para construirmos conhecimentos sobre a escuta, desenhar estratégias individuais e coletivas que favoreceram a escuta das crianças na dinâmica da rotina escolar, compartilhar com o grupo os registros das observações que realizavam à medida que exercitavam a prática da escuta. Dessa forma, os professores começaram a aprender a investigar a própria prática de forma processual e coletiva, em um movimento constante de ação/reflexão/ação.

> No primeiro encontro presencial da pesquisa-ação, sugeri aos professores que documentássemos nossos estudos e ações em um portfólio. Busquei inspiração para a proposta nos estudos de Minayo (2011). O objetivo foi promover o desenvolvimento reflexivo dos participantes, tanto cognitivo como metacognitivo, fundamentar os processos de reflexão para, na e sobre a ação, tanto na dimensão pessoal como profissional e coletiva; possibilitando aos participantes conscientizar-se do conhecimento que emerge do cotidiano, apoiando o desenvolvimento das identidades individuais e profissionais do grupo, e, principalmente, documentarmos as nossas percepções sobre a escuta. Essa foi uma estratégia que auxiliou a responder educacionalmente à escuta realizada pela criança, representando, como nos coloca Oliveira-Formosino e Formosinho (2013, p. 53): "um espaço para a criação de memória de aprendizagem em ação, tal como constitui uma base para o desenvolvimento de identidades aprendentes".

A criatividade foi despertada. A mesma criatividade mencionada no capítulo II, que ao longo dos processos formativos organizados sob uma lógica instrumental, é inibida, porém, em uma formação docente problematizadora, a criatividade é incentivada e bem-vinda. As estratégias formativas possibilitaram que os professores pensassem sobre o silenciamento das crianças, e assim refletissem sobre a escuta, estranhando o que era comum nas práticas por eles adotadas, permitindo-se externar dúvidas, levantar hipóteses, como também escutar o outro, tanto a criança como seus pares.

> Vídeo *Formação para a escuta das crianças*, produzido pelo Paralapracá, que é uma frente de formação de profissionais da Educação Infantil, realizado pela Avante – Educação e Mobilização Social.

Magali: *Para mim fica muito forte quando eu escuto algo sobre a escuta, a questão emocional. Quando assistimos o vídeo sobre a escuta, e fomos conversando sobre ela, me veio muito forte todo esse lado interno. Como a criança está elaborando o que ela está vivendo, penso nisso mais do que penso na parte pedagógica.*

Ferreira: *Eu escuto as colegas falando e penso que na minha aula de educação física tem aquela criança mais despojada, aquela mais retraída, aquela que tem medo, que treme para fazer o que é proposto. As colegas ficam mais tempo que eu com as crianças e observam mais coisas, e no trocar as figurinhas a gente chega a algumas conclusões, mas sempre envolvendo o que hoje estamos tentando entender: "a escuta".*

Lúcia: *Eu gostaria de participar mais com a criança, interagir mais, participar no campo da criança, entrar no meio da conversa.*

Pesquisadora: *Como você pensa que poderia acontecer essa escuta?*

Lúcia: *Eu visualizei assim, no momento da contação de histórias, da massinha, eles falam entre eles e eu acho legal essa fala espontânea. Porque ontem, por exemplo, depois que eu contei a história João e Maria, foi uma escuta meio direcionada. Quanto a essa questão da emoção, da expressão, eu tenho uma criança que, se eu não atuar nela, ela não se movimenta, não abre um potinho de tinta se eu não falar.*

Magali: *Nós estamos nos pegando com a criança que não fala, e a criança que fala, essa questão da escuta é nova, e vale para todas as crianças.*

Lúcia: *Minha ideia para fazer a escuta é aquela roda inicial que faço, ali sai cada pérola, é a primeira vez que escuto esse tema "escuta no fazer pedagógico".*

Ruth: *Eu achei interessante no vídeo que ela falou que não é só ouvir a fala da criança, mas observar a criança por inteiro.*

Magali: *Me caiu algumas fichas enquanto assistíamos o vídeo. Eu gostei quando foi falado da renúncia do poder, estar aberto, fazer essa renúncia de um poder que temos. Então, eu senti como é forte isso, você não parar para pensar que você não escutar a criança representa deter um poder sobre ela.*

Ruth: *Vocês leram aquele livro* Educação sem medo? *Fala da Escola da Ponte, eu li só até a metade, porque minha cabeça começou a "pirar". Porque eu vim da escola tradicional, depois veio o construtivismo, veio Paulo Freire, e realmente eles confrontam tudo isso, educar e orientar sem oprimir, e isso é difícil de fazer.*

Gradativamente, as compreensões surgiram. Elas não se deram a partir de um "estalo", como se fosse um milagre, como explica a pedagogia freiriana, aos poucos foi forjada. Os vídeos, as leituras, a pesquisa em si, foram instrumentalizando os professores para que pudessem se apropriar dos novos saberes sobre a escuta, e assim se sentissem instigados a desenvolver ações investigativas para experimentar o exercício da escuta com intencionalidade. Passo a passo, os docentes aprenderam a dialogar com eles mesmos, escutando-se e, como preconiza a pedagogia da escuta (RINALDI, 2016), escutar oportuniza o desenvolvimento profissional, e os professores, ao darem abertura para suas percepções, tiveram esta oportunidade.

Aconteceram algumas situações na classe que reforçaram as questões que o estudo da escuta traz para nós. Escutar e perceber o que a criança traz, precisamos mudar urgente. Miguel, por exemplo, que demonstra sofrimento pela morte do pai, apresenta um comportamento meio sofrido, chora, usa óculos escuros, quer ficar olhando para a foto do pai que ele traz. Então, uma atividade como aquela da tartaruga que a gente planejou dá para escutar as crianças. Estávamos conversando na roda sobre isso e ele falou: eu tenho uma tartaruga. Todo mundo se empolgou na roda, e isso foi ótimo, a mãe dele no dia seguinte trouxe o aquário com a tartaruga e ele ficou tão feliz (MAGALI).

Devido às questões éticas que envolvem as pesquisas com seres humanos, os nomes de todas as crianças citadas são fictícios.

Eu fiquei mais atento à escuta, a visual já faz parte do meu metiê e agora a auditiva pegando o que rola ao redor. Inclusive teve um fato interessante que eu pensei em relatar para vocês. Eu estava em outra escola, dando aula para uma turminha de 5 anos, uma garotinha caiu e bateu o rosto no chão, eu corri, peguei gelo, peguei no colo, a acalmei e a deixei fazendo compressa. Do nada, o Luiz me diz: professor me deixa te dar um abraço para tudo ficar bem. Ele tem 5 para 6 anos e sentiu minha tensão, foi acolhedor. Então, veio a questão: a escuta é uma via de mão dupla. Temos que ter consciência que nosso exemplo vai pesar na vida deles para o resto da vida, então temos que tomar cuidado para sempre darmos bons exemplos (FERREIRA).

A conexão que os professores estabeleceram, da escuta com as suas práticas docentes, foi um sinal de que, aos poucos, a escuta começou a ser percebida e valorizada, superando uma etapa em que nem sequer esta prática era pensada ou cogitada. Os estudos teóricos que gradualmente realizamos ajudaram a construir respostas para o silenciamento das vozes infantis no contexto escolar, e possibilitaram o alargamento de horizontes dos docentes: "O esclarecimento de um ponto desnuda outro que precisa, igualmente, ser desvelado. Esta é a dinâmica de pensar a prática, é por isso que pensar a prática ensina a pensar melhor, da mesma forma como ensina a praticar melhor" (FREIRE, 2012, p. 126). *Pensando melhor e praticando melhor, os professores paulatinamente avançaram nos estudos,* e*laboraram críticas e construíram argumentos que ajudaram a fortalecer a denúncia do silenciamento das crianças.*

O alinhamento dos contextos teórico e prático oportunizou que os docentes ampliassem suas compreensões sobre a realidade, e para que a escuta se constituísse pedagógica, foi acontecendo a conscientização para o qual Freire adverte: "como contexto prático-teórico, a escola não pode prescindir de conhecimentos em torno do que se passa no contexto concreto de seus alunos e das famílias de seus alunos" (FREIRE, 2012, p. 24).

> **Andréa***: Depois que eu fiz a leitura da* Pedagogia da Escuta *comecei a prestar mais atenção nas falas das crianças, nas brincadeiras, porque eu observava de longe, pois nesta hora eu tenho que dar conta da agenda e de outras coisas, então raramente me sento para brincar com eles. O texto fala para escutarmos e não darmos respostas prontas, já colocar outra pergunta em cima. Teve o dia que coloquei os cantinhos, da casinha e dos jogos de montar que eles haviam pedido. Nisso veio um aluno e pediu o cantinho da feira. Eu nem ia colocar porque senão é muito brinquedo, muita bagunça. E o texto fala que o brincar não pode ser um brincar falso, então tenho que abrir para eles, perguntando do que eles querem brincar. Eu na minha prática quase que*

determino. Como o aluno pediu, eu coloquei. E havia me esquecido que a mãe do Roberto tem uma barraca de frutas aqui no bairro. Ele estava no cantinho da feira e todos sentados, e ele estava em pé, pegavam a frutinha, mas não para vender como feira, mas sim como casinha. Eles pegaram as panelinhas e colocaram a fruta dentro e falaram que iam montar um bolo. Eu estava sentada só observando, e o Roberto me falou que eles não podiam comer aquelas frutas. Eu olhei para ele e lembrei da questão da mãe, mas pensei: "não vou falar", e perguntei: por que você acha que eles não podem comer? Então ele respondeu que, se eles comessem, ele ficaria sem vender. Acontece que o único sustento da mãe dele é a pensão que ela recebe do pai do Roberto, e na banca de frutas ele ajuda a mãe a vender, ele estava associando o real ao imaginário.

Magali*: Deixa-me perguntar uma coisa: o cantinho é intitulado o cantinho da feira?*

Andréa*: É, e não deveria, não é?*

Magali*: Então, ele estava na brincadeira do feirante, os outros eram como intrusos ali. Os outros é que tinham que ir para o cantinho da casinha, percebe? Porque nós temos essa mania de enquadrar tudo e as brincadeiras acabam não conversando entre si.*

O diálogo, enquanto relação democrática como Freire (2020, p. 166) coloca, "é a possibilidade de que disponho de, abrindo-me ao pensar dos outros, não fenecer no isolamento", e foi isso que ocorreu. Pesquisando, os docentes se permitiram experimentar possibilidades novas para suas práticas, compartilhando e escutando a criança, e como consequência da proposta, também se permitiram escutar os seus pares, saindo do isolamento docente que leva à crença da autossuficiência. As reflexões críticas possibilitaram a percepção de si, por parte dos docentes, e chamo a atenção para esse ponto, pois é um princípio da educação dialógica que precisamos conhecer para nos compreender melhor, como profissionais da docência.

A autossuficiência é incompatível com o diálogo. Os homens que não têm humildade ou a perdem não podem aproximar-se do povo. Não podem ser seus companheiros de pronúncia do mundo. Se alguém não é capaz de sentir-se e saber-se tão homem quanto os outros, é que lhe falta muito que caminhar, para chegar ao lugar de encontro com eles. Neste lugar de encontro não há ignorantes absolutos, nem sábios absolutos: há homens que em comunhão buscam ser mais (FREIRE, 2016, p. 112).

Os encontros formativos desencadearam análises de situações em que a crença da autossuficiência se faz presente, pois a consciência ingênua, solitária e isolada de um professor que atua sem espaços reflexivos, que não tem a oportunidade de se distanciar para compreender e enxergar o autoritarismo presente nas relações verticalizadas existentes na Educação Infantil, distanciam o ser humano adulto do ser humano criança. *Na educação precisamos estar com o outro em uma relação horizontalizada, falar com a criança escutando-a e dialogando, é diferente de falar para a criança determinando e silenciando-a.*

Os professores, ao mesmo tempo que se propunham a investigar a própria prática, também traziam as dificuldades que estavam presentes na escola e seus cotidianos escolares, apontadas por eles como obstáculos para a incorporação da escuta das crianças nas suas práticas docentes.

Andréa: *Em um dos momentos dos cantinhos, a Lia veio à minha mesa dizendo: "tia, eu quero ficar com aquilo um pouquinho". Eu perguntei o que era, ela respondeu que era a calculadora, mas outra aluna disse que era um celular, porque apertava e aparecia o número 1, o número 2, olha só, celular. Aí o Ricardo, que estava brincando com a calculadora, antes de eu guardar, falou: "tia, eu sou um guarda municipal e estou fiscalizando para não vir bandido aqui na feira". Então vocês veem, são coisas que antes eu não me permitia, porque é uma agenda que eu tenho que colar bilhete e outras demandas burocráticas que surgem, e que agora vou ter que fazer em outros momentos, até para trazer mais suporte para eles, mais material.*

Magali: *A Educação Infantil precisa de uma mudança urgente em todo o sistema que prejudica diretamente a questão da escuta. Se pensarmos na proposta da Pedagogia da Escuta que fala da organização dos espaços. Pensa bem, aqui, se ficar um papel no chão da atividade que desenvolvemos, imaginem a reclamação. Nós já fomos educados dentro de um sistema, e por mais que você tente algo diferente, esbarra na prática. Eu li um artigo da Beatriz Antunes, ela colocou várias experiências de um fotógrafo que escuta a partir* *das imagens, e no final escreveu: "temos que perguntar se estamos escutando as crianças de maneira correta". Então, é isso que estou falando, a gente tenta, mas qual seria a maneira correta? A gente tenta inovar, mas a gente traz a criança para o território do adulto, e adentrar nesse território infantil é difícil, porque nunca foi feito assim. No fim do artigo ela pergunta: "o que a sua criança está dizendo?"*

Andréa: *O escutar não é só escutar, é refletir sobre aquilo que você está vendo, que ações que você vai adotar, porque eu percebo tanta coisa no nosso dia a dia que passa, e se você não anotar, passa.*

Lúcia: *Eu acho essa nossa reflexão muito pertinente. Tem o currículo global, mas tem o local, minha realidade, minha sala de aula, eu já mudei bastante, como a colega falou, tem a agenda, tem outras coisas, mas temos que fazer isso em outro horário, pois viu o quanto é relevante realizarmos a escuta e termos nossas percepções?*

A escuta das crianças trouxe para os professores o desejo de aprender, e naquele momento com a dinâmica formativa, em que a consciência transitava de ingênua para crítica, os conflitos e as contradições foram fundamentais. Ao mesmo tempo em que se posicionavam, dizendo que as condições não favoreciam o exercício da escuta, os docentes percebiam a necessidade de escutar. As contradições tensionaram as crenças; as concepções e as dificuldades reais que eclodiram com a investigação da prática impulsionaram os docentes a refletir e compartilhar suas aflições, discutir os novos saberes e, por fim, criar novas possibilidades de escuta. *O desvendamento da vida para a escuta chamou-a para a vida,* como menciona Freire e Shor (2011).

A pedagogia freiriana fala da visão fatalista, e ela esteve presente neste movimento reflexivo, mas à medida que foi acontecendo o amadurecimento intelectual, tal visão cedeu espaço para o surgimento do olhar crítico que, alimentado pela pesquisa, pela discussão com os pares em um contexto formativo problematizador, foi transitando para a curiosidade epistemológica.

A percepção ingênua ou mágica da realidade da qual resultava a postura fatalista cede seu lugar a uma percepção que é capaz de perceber-se. E porque é capaz de perceber-se enquanto percebe a realidade que lhe parecia inexorável, é capaz de objetivá-la (FREIRE, 2016, p. 104).

Objetivar a realidade foi fundamental para desencadear a constituição da escuta como pedagógica. A objetivação, aliada às leituras que fizemos, aos vídeos que assistimos e debatemos, às dinâmicas de sensibilização, enfim, a todos os estudos teóricos, originaram discussões e elaboração de hipóteses. As ações formativas mobilizaram os docentes e os levaram a investir na investigação prática; assim, experimentaram o protagonismo docente.

> *Eu fiz uns registros a partir daquele capítulo da* Pedagogia da Escuta, *e tem passagens que eu concordo plenamente. Nós temos que gravar a conversa com as crianças para nos percebermos e percebermos também a fala delas. Eu ando gravando umas falas, mas porque eu queria registrar em um cartaz as falas deles, e se eu fosse anotar eu não iria dar conta. Escutar é um exercício e não é fácil, eu me percebo nessas escutas, nas minhas falas. Gente, eu sou terrível, eu faço a roda e dá aquela ânsia, eu vou falando e eles vão fazendo perguntas. Tem uma gravação que o Esmael fala assim: "ha, ha, ha, resposta errada". Eu falo: Esmael, não existe resposta errada, todas as respostas são corretas. A seguir eu pergunto para Lisa o que ela mais gosta na escola, e ela responde: borboleta. Então eu digo: borboleta... Lisa, e tem borboleta na escola? Gente, eu matei* [a resposta da] *menina, entendeu?* (ANDRÉA).

O contexto formativo garantiu aos professores o direito de serem curiosos. Eles puderam exercitar sua curiosidade criticamente para, observando o objeto investigado, delimitá-lo, cindi-lo, compará-lo, elaborar perguntas e construir respostas, construindo, no processo investigativo, conhecimentos sobre a escuta. A curiosidade espontânea, ao longo da formação, foi se intensificando, tornando-se mais rigorosa, e assim mais epistemológica, e isso só foi possível em razão de os professores terem atribuído sentido ao que fazíamos. Por isso se envolveram, sentiram vontade de aprender, animaram-se desejando descobrir o que ainda não tinham visto. "O exercício da curiosidade convoca a imaginação, as emoções, a capacidade de conjecturar, de comparar, na busca de perfilização do objeto ou do achado da sua razão de ser" (FREIRE, 2002, p. 97-98).

> *Fiz a segunda escuta e, quando comecei a gravar, foi muito engraçado. Fiz como combinamos, então me apresentei na gravação, falei meu nome, falei que sou professora há 20 anos, formada em Pedagogia, que este ano estou trabalhando com crianças de 4 anos. Elaborei uma introdução para minha fala no áudio ficar organizada. Daí o Lucas percebeu minha fala e na hora que eu falei "hoje vou conversar com o Lucas", ele logo interrompeu e começou a falar: tenho 5 anos, tenho uma família, mãe e pai e moro na casa da minha avó e tenho muitas tias e tios. Ele fez igual ao que eu fiz, se apresentou também. Ele me surpreendeu, nós somos exemplos para eles, isso é muito sério* (LÚCIA).

Ao descobrir algo e se surpreender com a descoberta, enriquecemos nossa aprendizagem. Os professores viveram essas etapas. O exercício da escuta enriqueceu as compreensões que os docentes elaboraram sobre a criança quanto ao seu processo de aprendizagem, aos saberes que apresenta com relação ao mundo, à sua capacidade e sensibilidade em relação à escuta que realiza do adulto. Tais percepções mostraram para o grupo de professores um sentido essencial da escuta pedagógica, de zelar pelas relações democráticas entre educador e educando, enfatizadas por Freire (2012, p. 91):

> *É ouvindo o educando, tarefa inaceitável pela educadora autoritária, que a professora democrática se prepara cada vez mais para ser ouvida pelo educando. Mas, ao aprender com o educando a falar com ele porque o ouviu, ensina o educando a ouvi-la também.*

Ao longo da formação continuada, os professores aos poucos aprenderam a escutar as crianças e a organizar as respectivas rotinas para esse fim, pois compartilhávamos os áudios nos encontros formativos para refletirmos sobre o teor das narrativas. Logo, as escutas precisavam ser gravadas para que pudéssemos realizar a escuta coletiva das escutas das crianças, e assim darmos andamento aos nossos estudos. Essa etapa também representou um novo aprendizado.

Andréa: *Então, eu realizei a escuta ontem, quando nós conversamos no nosso último encontro, tudo parecia muito simples, muito fácil. Eu acabei não me organizando adequadamente para aquele momento de escuta, achei que faria brevemente, porém, assim, eu estava tão envolvida com as coisas da sala de aula, e ontem era o dia da brincadeira, e eu o tirei deste momento para conversarmos. Percebi que ele queria ficar lá. Conversei com o Romeu, mas ele ficou meio arisco, colocando a mão na boca, percebi que não ia falar, e ele é muito comunicativo, só que neste momento de escuta ele foi sucinto. Eu fazia as perguntas para conhecer suas preferências e ele respondia "porque sim" ou "porque não". Eu achei que podia ter rendido mais a conversa. Fui para a sala, conversei com minhas colegas professoras e pensamos que algumas crianças têm mais facilidade para expressar seus sentimentos, outras não. Também uma colega colocou que talvez o Romeu tenha agido assim, monossilábico, por não ter a presença de outras crianças. Talvez tentar fazer essa escuta com outras crianças na mesa, junto com ele.*
Lúcia*: Então tirar a criança do local, para chamar para conversar, já causa estranheza. Até comentei com vocês, vamos fazer um desenho.*
Magali*: Você teve uma ideia bacana para nós utilizarmos. A escuta pode ser de uma criança ou de várias. Vai depender do que a gente pretende. Eu estava aqui pensando no nosso planejamento com a escuta. Mais do que nunca, ele precisa ser flexível, e antes de entregar ele precisa passar por uma discussão, porque o planejamento não é isso: nós escrevemos tudo nele, mas a escuta vai acontecer durante as aulas. Logo, o que escrevemos vai automaticamente se transformando.*

Foram adotadas pelo grupo estratégias para viabilizar formalmente a escuta das crianças, criaram caminhos para pesquisar, ora obtendo sucesso, ora não, porém tiveram espaço para experimentar, descobrir e refletir inclusive sobre afazeres como o planejamento, que por vezes são elaborados pelos professores automaticamente, como uma obrigação, ou mais um protocolo, e com a escuta pode ser elaborado a partir da realidade da criança. Existiram obstáculos tanto para realizar a escuta, como para aprender a escutar, o que trouxe ora frustração, ora contentamento, mas acima de tudo trouxe aprendizagem. *Precisamos aprender a escutar o outro, escutar é um exercício e é praticando que poderemos avançar do ouvir para o escutar.*

Lúcia: *Na escuta que fiz, eu estava com a expectativa que a criança falasse mais, o que fiquei frustrada é que acho que a escuta coletiva flui mais. Na individual ele não falava, aí tive que atuar, incentivando a fala dele, talvez nem precisasse.*

Pesquisadora: *Neste momento estamos aprendendo a escutar, nos organizando para isso, vamos ver se precisa ser assim mesmo como estamos pensando.*

Ferreira: *Eu fiz a escuta, mas lembrando daquela primeira experiência que a colega falou: a primeira vez que ela fez a escuta, ela falou mais do que escutou a criança. Eu fiz praticamente a mesma coisa, porque senti que a criança não falava, não esperei.*

Magali: *Eu acho que, por não fazer muito parte da nossa prática, a gente fica engessado e acaba passando essa insegurança para a criança, aí a gente não sabe lidar com essa situação e acaba falando mais que ela.*

Andréa: *Eu fiz mais duas escutas, usei a ferramenta da colega, o desenho, e foi maravilhoso, eu acho que até fluiu melhor que as escutas anteriores, a gente se surpreende porque sai cada coisa na fala das crianças.*

Os professores foram se assumindo como eram, percebendo como atuavam, como desenvolviam uma nova prática e, simultaneamente, constataram que eram capazes de intervir na realidade para tentar modificá-la. Ao dialogar, buscaram entender os acertos e erros, estudando e investigando a própria prática com compromisso para entender as próprias fragilidades, e aos poucos se tornaram capazes de intervir para mudar, tarefa complexa e geradora de novos saberes que vai na direção de adquirir convicção de que é possível mudar.

Escutar fez com que os docentes repensassem os conteúdos que são necessários de serem trabalhados com as crianças: repensaram o currículo. A escuta dá a possibilidade de criar e recriar conforme a realidade.

Lúcia: *Geralmente quando entramos na biblioteca, eu escolho uma criança para pegar um livro. Neste dia, o livro escolhido foi* Quem tem medo de monstro, *aí pensei: eu vou aproveitar essa situação, porque eu gostei do tema. Porque o medo é tão centrado no mundo infantil, aparece voltado para os monstros, bruxas, essas coisas, e eu comecei a ler. Logo no começo eles falaram que não tinham medo de nada. Eles no fundo querem mostrar que são* *fortes, mas cada um foi falando dos seus medos. Medo do fogo, medo do robô, medo do Chucky do filme. O legal de tudo isso é a expressão deles, aparece a questão afetiva da criança. Porque você pode ir bem mais além das questões imaginárias, você vai na realidade da criança mesmo.*

Magali: *Eles relacionaram o filme com o contexto deles, também falaram do filme da Moana, aparecem vários medos de vários jeitos. Cada um deles ficou à vontade para falar dos seus medos, relacionaram o assunto aos filmes, parece que compreenderam mesmo o sentimento, mas ao mesmo tempo tem que ter medo, para brecar um pouco as crianças.*

Pesquisadora: *A partir desse medo que veio à tona, o que vocês pensaram em fazer?*

Magali: *Então, podemos trabalhar voltados para autonomia, porque ela é cortada o tempo todo pelos pais, até por nós mesmos. Podemos trabalhar o limite também, tem que ter limite, mas também é bom ter um pouco de medo. Posso trabalhar a cooperação, para que se ajudem na hora do medo, na hora de ir ao banheiro, pois tenho aluno que só vai acompanhado de outro.*

No exercício da escuta, os docentes desembutiram da própria prática os sentidos de ser dessa prática, ou seja, desembutiram da prática de escutar o sentido pedagógico da escuta. A dimensão trazida pela ideia de que a escuta pode oportunizar, para aquele que a exercita, a possibilidade de desembutir algo, algo que não é palpável, não é material, mas sim algo que é percebido e sentido (FREIRE, 2012), vem perspectivar a escuta como uma ação que pode "desocultar", permitindo que aquele que fala, no caso a criança, possa externar algo que esteja lhe trazendo desconforto, tristeza e opressão.

Andréa: *Na escuta que fiz, minha aluna falou que não gosta de vir à biblioteca. Eu pensei: "como assim? Todos ficam encantados com a biblioteca, não veem a hora de vir para cá". Ela fala nas entrelinhas que aqui na biblioteca é engessado. Que vem para cá, senta, vê um livro, vê um DVD, coloca fantasia, e ela queria mexer naquele armário, que ela quer ver o que tem no armário.*

Magali: *Ela tem acesso, mas não tem.*

Andréa: *Não, ela não tem acesso. Quando eu pego o material, nem uso neste espaço, eles nunca viram este armário aberto.*

Magali: *Eu digo que ela tem acesso, porque ele está na sala.*

Andréa: *Eu nunca tinha pensado nisso, realmente eu não dou liberdade, fico tão preocupada pensando: "vai rasgar o livro", e eu meio que vou podando, enquadro eles.*

Ferreira: *É natural, de todas as turmas que passam aqui, o pessoal ficar controlando para não bagunçar a biblioteca, eles precisam de liberdade.*

Investigando a própria prática, os docentes foram ao encontro de uma experiência que propõe dar voz às crianças, oposta à situação de silenciamento. Os diálogos foram críticos e autênticos sobre as situações que compreendiam que dificultavam a escuta. Refletiram sobre pontos que nunca haviam pensado e que provocaram surpresa, como descobrir que a criança não gostava da biblioteca em decorrência de uma prática adotada pela professora.

O olhar "adultocêntrico", que impede olhar a criança pela ótica da própria criança, e que conduz o docente a olhá-la pela ótica do universo adulto (PASSEGGI, 2014), obstaculiza a adequação das práticas e a escuta realizada pela docente; refletida criticamente no coletivo, iluminou sua consciência para que ela pudesse se propor a mudar, fazendo escolhas mais adequadas para humanizar sua prática. *Pesquisar a escuta e realizá-la com intencionalidade de conhecer aquele que se escuta, abrindo-se para o diálogo verdadeiro com o outro, colocando-se no lugar da criança, é escutá-la com empatia.*

Os docentes falaram sobre suas concepções de educação, discorreram sobre empecilhos e fatores pessoais existentes e que acreditavam dificultar a proposta de escuta, compartilharam suas impressões, objetivando compreender tais tensões coletivamente e construir caminhos possíveis para investigar a prática por meio da escuta. Assumiram que a situação de silenciamento estava presente na realidade em que atuavam e que era algo que precisava ser rompido. E mobilizados pela investigação se empenharam para transpor tanto aspectos operacionais, como crenças que entendiam dificultar a realização da escuta das crianças.

Magali: *Eu percebi que fazer a escuta individual com eles, na sala, não rola, aí pedi ajuda para a professora de educação especial, que ficou com* *as crianças no pátio para me ajudar. Quando a gente faz a sondagem da escrita, a gente fala: "o que você escreveu? Lê para mim". Aí falamos "que lindo", eu percebi quando eu fui escutar a gravação, que eu ia meio que complementando a fala da criança para deixar uma conversa com sentido, mas eu acho que fiz muitas intervenções, nisso me deu vontade de pegar outra criança. Pedi ajuda novamente para a professora de educação especial, tipo "dá para segurar de novo para mim?" Quando eu cheguei em casa às 23h é que fui escutar a gravação e me dei conta do que tinha feito. É engraçado, eu tive preocupação de saber o que a criança pensa sobre a escrita, sobre o número, mas essa conversa era para ser mais informal.*

Lúcia: *O problema maior que sinto para gravar e nós refletirmos sobre a fala deles foi o barulho. Estamos em um ambiente escolar, não tem como ter silêncio, mas eu consegui fazer mesmo assim, e ela falou o que gosta e que não gosta. Eu achei interessante, eu esperava uma coisa e aconteceu outra. Ela falou que não gosta do momento que os pais demoram para pegar na hora da saída, realmente ela sempre é uma das últimas a ir embora. Sabe que isso passava despercebido para mim? É tanta agitação nesta hora, que eu nem pensava nisso.*

> Situações-limites são constituídas por contradições que envolvem os indivíduos, produzindo-lhes uma aderência aos fatos e, ao mesmo tempo, levando-os a perceberem como fatalismo aquilo que lhes está acontecendo. Como não conseguem afastar-se disso, nem se percebem com algum *empowerment*, aceitam o que lhes é imposto, submetendo-se aos acontecimentos (OSOWSKI, 2017, p. 375).

Para a escuta se constituir pedagógica, os docentes tiveram que lidar com as situações-limite (FREIRE, 2016). Elas estavam presentes, e à medida que eles se empenharam para transpor as dificuldades estruturais existentes, humanas e físicas, foram se conhecendo, autoanalisando-se e projetando-se para novos desafios. Dessa forma, as situações-limite foram percebidas criticamente, e estratégias foram construídas para superá-las. Os professores ora se aproximaram, ora se distanciaram das suas práticas, para sobre elas refletirem coletiva e criticamente, e assim aprofundaram os conhecimentos sobre a prática da escuta e sobre a forma de objetivá-la com intencionalidade; nesse movimento a escuta foi se constituindo pedagógica.

Os princípios da pedagogia freiriana permitem que possamos compreender que a escuta pedagógica é um percebido destacado, categoria da qual precisamos, como educadores, nos aproximar e entender, para compreender nossa prática desembutindo dela seus verdadeiros sentidos.

> *Na medida em que os homens simultaneamente refletem sobre si e sobre o mundo, vão aumentando o campo de sua percepção, vão também dirigindo sua "mirada" a percebidos que, até então, ainda que presentes ao que Husserl chama de "visões de fundo", não se destacavam, "não estavam postos por si". Desta forma, nas suas visões de fundo, vão destacando percebidos e voltando sua reflexão sobre eles. O que antes já existia com objetividade, mas não era percebido em suas implicações mais profundas e, às vezes, nem sequer era percebido, se "destaca" e assume caráter de problemas, portanto desafios. A partir desse momento, o "percebido destacado" já é objeto da "admiração" dos homens e, como tal, de sua ação e de seu conhecimento* (FREIRE, 2016, p. 106).

Ser protagonista no processo formativo foi determinante para que os docentes vivenciassem a admiração pela escuta. Eles se surpreenderam, se frustraram, buscaram melhorar a prática que adotavam na direção de uma mudança que objetivava superar o silenciamento das crianças, e simultaneamente o próprio silenciamento. A escuta passou a ser percebida, trazendo novos sentidos para a prática, novos desejos, e a confiança em sentir-se capaz de construir conhecimentos, a confiança no que estavam realizando e criando, empoderou os docentes.

Investigar o que se faz, como ocorreu com os docentes, permite que possamos desencadear reflexões sobre a natureza do que efetivamente estamos criando, indagar sua natureza, estabelecer relações e sentidos para o que fazemos; construímos assim, epistemologicamente, nossa prática, realizando o exercício da ação-reflexão-ação, aprendendo a olhar à prática e a si mesmo de forma crítica. A associação entre teoria e prática indicou que é possível superarmos a histórica dissociação que ocorre entre ambas no processo de formação docente e que reverbera na prática docente. Quem de nós já não escutou na escola a frase: "na teoria é uma coisa, mas na prática é outra"?

Quando nos apropriamos da teoria, superamos o entendimento que construímos sobre a nossa prática a partir do senso comum.

Estudar a teoria, investigar a prática e construir conhecimento permitiu um avanço que se fez possível a partir de uma formação continuada orientada sob uma perspectiva problematizadora, que distanciou os professores do contexto de puro fazer, para aproximá-los de um contexto de que-fazer, de práxis (FREIRE, 2012). A escuta foi gradativamente, por meio da pesquisa, sendo compreendida como um conhecimento.

De uma ação que não era pensada como conhecimento relevante, à medida que foi realizada com intencionalidade, foi se mostrando relevante e ganhando espaço na prática docente, sensibilizando os professores quanto ao seu significativo valor pedagógico.

> *Até conversei com minha colega professora ontem sobre um sentimento. Me deu vontade de fazer a escuta de todas as crianças, porque bateu muito o que as crianças falaram com os autores que lemos, eu queria fazer de todas, é que não temos estrutura para esses momentos. Algumas coisas eu percebi com a escuta delas,* **a criança fica feliz, ela pode falar o que pensa** (MAGALI; destaque da autora).

O aprender a escutar, o ser escutado pelos seus pares, a compreensão sobre os conteúdos explícitos e implícitos de uma escuta, tanto a realizada pelos docentes, como a vivida por eles coletivamente, foram lentamente permitindo que a escuta fosse se constituindo pedagógica, mostrando toda a sua boniteza, como expressou a professora Magali. *A percepção quanto à prática mudou, e isso se deu de forma processual, coletiva e coparticipativa.*

2. Tempo de escutar – situações e espaços de direito para a escuta pedagógica

O tempo para escutar o outro no processo em que a escuta foi se constituindo pedagógica esteve presente nas pautas de discussões que realizamos nos encontros formativos. Conforme o teor dos diálogos citados anteriormente, o movimento de pensar nos tempos que seriam dedicados para a escuta fez parte do processo de amadurecimento do conhecimento que estava sendo construído, ou seja, os professores foram assimilando, devido aos sentidos que gradativamente atribuíram para a escuta das crianças, que oportunizar tempo na rotina escolar para escutá-las era importante e necessário.

A escuta foi, na investigação da prática docente, objeto de estudo e estratégia de pesquisa, e para estudá-la e realizá-la em momentos distintos da formação, tivemos que criar espaços/tempos específicos para estas finalidades. Na primeira fase da pesquisa-ação, em 2018, etapa em que os professores realizaram o exercício da escuta intencional, elas foram planejadas antecipadamente, realizadas na dinâmica da rotina escolar, e, como estratégia de pesquisa para viabilizar nossos estudos, eram gravadas em áudio e socializadas para escuta coletiva dos participantes nos encontros formativos; esse foi o momento presencial da formação continuada.

Para vivenciar a escuta e prosseguirmos na investigação, novos espaços/tempos precisaram ser pensados. Tivemos que contornar dificuldades, como as vivenciadas pelos professores pesquisadores em 2019, que em virtude do processo de atribuição de aulas, quatro dos cinco docentes que constituíam o grupo mudaram de escola, fato que dificultou a organização dos encontros presenciais. Os professores prosseguiram na investigação da prática, e os contatos para busca de interação se deram, entre nós, por aplicativos de troca de mensagens.

Abro um parêntese para refletirmos o quanto a organização escolar ainda se dá a partir de práticas administrativas que dificultam a construção de um trabalho pedagógico consistente e contínuo no interior das escolas, desfavorecendo a constituição de um coletivo que possa se fortalecer criando laços entre si, com a comunidade escolar, e dificultando o desenvolvimento de um efetivo trabalho pedagógico. Compreensão presente nas reflexões dos professores quanto às dificuldades vividas para prosseguir no contexto escolar, distanciada do coletivo que constituímos com a investigação da escuta das crianças.

> *O estudo começou em 2018 e, em 2019, eu fazia as minhas reflexões, mas sem o estudo. Então, isso mostrou para mim que é necessário a teoria. A gente sempre sabe disso, mas também era uma teoria que a gente tinha em 2018 com significado, conversando sobre a prática, buscando exemplos dessa prática, trocando experiências. O que percebo com relação ao ano de 2019 é que mesmo tentando, buscando refletir, eu não tinha um estudo, então isso fez falta para conseguir objetivar a realidade (MAGALI).*

Para escutar tivemos que resistir e lidar com as dificuldades institucionais impostas, e para isso novos tempos e espaços de escuta foram criados.

Em 2020, distanciados dos encontros presenciais, e tendo os professores vivenciado o exercício da escuta ao longo desse período, partimos para a etapa final da pesquisa-ação. Nesta etapa, o desafio foi lidar com a realidade global vivida devido à pandemia de covid-19, decretada em 11 de março de 2020 pela Organização Mundial de Saúde (OMS), que exigia, como medida de prevenção, o isolamento social, resultando, no âmbito da educação mundial, na suspensão das aulas presenciais e no trabalho docente pelo sistema remoto. A solução que encontramos foi recorrer a um espaço virtual, configurado a partir de um grupo de *WhatsApp*. *No contexto da investigação da própria prática, mais uma vez tivemos que pensar e construir um novo espaço/tempo para dialogarmos sobre a escuta das crianças e nos escutarmos, um espaço virtual e coletivo.*

Dos cinco docentes que participaram dos encontros presenciais e prosseguiram na investigação no ano de 2019, quatro aderiram à pesquisa por este canal de comunicação; somente um, por problemas pessoais, não prosseguiu. O grupo foi intitulado de *Escuta Pedagógica* e esteve ativo de março a maio de 2020. Nesse período, realizamos uma etapa fundamental da pesquisa-ação, em que acontece a ressignificação das espirais cíclicas, detalhada no capítulo II, processo que está ligado diretamente aos estudos sobre o professor crítico-reflexivo.

Nessa dinâmica, os professores tiveram a possibilidade de ressignificar os achados de pesquisa a respeito dos conhecimentos construídos, refletiram criticamente, com o propósito de avaliar tanto a experiência vivida como os conhecimentos construídos e sua validade para a prática docente. Diante da necessidade de compartilhar as sínteses dos dados para dialogarmos, disponibilizei apresentações organizadas por temáticas que abordamos ao longo da investigação.

Nesse período também obtivemos aprendizados, construímos conhecimentos, porém, em uma dinâmica diferenciada do modelo presencial. As interações que ocorreram virtualmente, no grupo de *WhatsApp*, aconteceram tanto por áudios como por mensagens de texto, de acordo com a preferência de cada participante, e dialogamos a partir das sínteses.

> *As nossas falas descritas nos* slides *espelharam nossas práticas exercidas no dia a dia, pelo menos até iniciarmos o processo de estudo. Tenho certeza que todos nós mudamos alguma coisa a partir dos nossos estudos sobre a escuta. Nos nossos encontros criamos um sentimento de equipe. Os mais experientes, Magali e Lúcia, encontravam bem menos dificuldade do que eu. Trabalhamos bem como equipe, penso que alcançamos vários objetivos durante todo o processo, e quase dois anos depois unimos o grupo novamente para juntos analisarmos o que fizemos e como estamos em nossas práticas após todo o aprendizado* (FERREIRA).

Nessa proposta tivemos que combinar como nos escutarmos, e para que isso acontecesse, combinamos que cada síntese seria discutida por um período de uma semana aproximadamente, respeitando a disponibilidade de cada participante para interagir. Estabeleceu-se um clima descontraído, favorecendo a exposição de opiniões. Vivenciamos a continuidade da formação docente, em um modelo que não era previsto, porém que se mostrou adequado para a realidade e muito produtivo.

As falas eram carregadas de expressividade e argumentações quanto aos conhecimentos construídos nos dois anos de investigação da prática e do espaço formativo que estávamos experimentando, que oportunizou o surgimento do sentimento de estar aprendendo algo novo.

> *Com relação aos nossos encontros presenciais e esse agora virtual, eu me sinto como uma criança inserida em um grupo, estou me sentindo como uma aluna, eu me vejo nas fases de desenvolvimento elaboradas por Vygotsky. Eu me vejo naquelas etapas, como aprendiz nesse processo, você vem com todas as informações para que a gente possa consolidar aquilo que a gente já sabe, com aquilo que a gente pode aprender* (LÚCIA).

O reencontro nessa dinâmica de formação primeiro reaproximou os docentes e, segundo, possibilitou que eles voltassem a ter contato com os estudos realizados, reaproximaram-se da experiência vivida coletivamente, e refletiram criticamente, no espaço/tempo virtual, sobre de que forma e em quais aspectos a formação continuada vivenciada havia contribuído para a melhoria da prática docente atual. Também avaliaram se após os encontros presenciais eles pensaram mais criticamente sobre a prática adotada junto à criança pequena, e se a *escuta pedagógica* trouxera contribuições para a prática docente adotada por eles após o término dos encontros presenciais.

> *Eu acho que, mediante tudo isso que a gente está estudando, essas informações que você trouxe e está trazendo, cada vez mais enriquecendo nosso pensamento para que nós possamos também refletir e agir diferente, é muito significativo. Os nossos encontros trouxeram para nossa prática uma consequência muito boa. Porque ouvir, digo, escutar a criança em suas diversas linguagens, e poder partilhar, compartilhar com os colegas, ajuda muito a refletir sobre a nossa prática. Seria tão bom pegar um dia de HTPC* e desenvolver tudo isso que a gente está falando, escutando, que estamos revendo. Eu saí de uma realidade em que estamos diante desse pânico (covid) que estamos vivendo e vim estudar, para vir aqui, estar aqui e estar aqui falando sobre esse tema, digo, nosso tema, porque nos envolvemos nesse estudo, nessa realidade* (LÚCIA).

* Horário de Trabalho Pedagógico Coletivo.

O contexto virtual, o "aqui" a que a professora se refere, foi o espaço/tempo que construímos para a escuta, no qual realizamos a finalização da pesquisa-ação, organizado, assim como a etapa presencial, sob uma perspectiva problematizadora, e que também representou para os participantes um espaço coletivo, colaborativo, reflexivo e crítico, em que a escuta entre os pares ocorreu e se mostrou viável. *Nesse contexto, também produzimos conhecimento sobre a escuta.*

A excepcionalidade da situação global, diante da pandemia, nos levou para esta realidade, que também oportunizou aprendizados para os participantes em um momento ímpar na realidade educacional mundial, quando todos estávamos aprendendo a lidar com o ensino remoto. No processo de encerramento do grupo de *WhatsApp*, que aconteceu lentamente em razão dos vínculos que se estabeleceram, os participantes postaram mensagens nas quais se reportavam aos nossos encontros, expressando o sentimento positivo quanto ao processo formativo vivido: "me arrependi por demorar para responder se participaria da pesquisa. Eu sabia que a necessidade era mais minha que sua. Amei participar dos encontros presenciais e virtuais" (LÚCIA).

O processo de ressignificação das espirais cíclicas é naturalmente um processo "[...] muito demorado, exige o tempo de cada um. Há que se dar um tempo para amadurecer novos olhares, sentimentos de dissonâncias, aberturas e defesas ao novo" (FRANCO, 2012, p. 197), e no caso da escuta não foi diferente. Foi lento e progressivo, pois a reflexão precisa de tempo para ser interiorizada, e precisa contemplar todo o vivido no processo da pesquisa-ação, que durou aproximadamente três anos.

Nesse sentido, o contexto virtual representou um tempo de escuta legítimo, para consolidarmos os conhecimentos construídos, um contexto que também precisa estar presente, caminhando lado a lado com nossas ações formativas que se dão no contexto escolar presencial. *A escuta pode se constituir pedagógica em diferentes modalidades de ensino e formação, humanizando e democratizando as relações.*

> *Quando você tem um coletivo que pensa junto, que observa junto, que troca junto, que faz essas reflexões juntos, a coisa fica mais leve, por isso é muito importante ter um par, pessoas pensando e refletindo junto. Sozinha reflito e permaneço com minhas certezas; é ouvindo, percebendo o outro, nessa troca que vou fortalecendo minhas certezas, tirando dúvidas, evoluindo e me trans-*

> *formando e consequentemente transformando e reinventando a minha prática, nós fizemos isso juntos antes e agora no grupo de* WhatsApp (MAGALI).

A formação continuada contou com tempos e espaços diferentes de escuta. Iniciamos escutando a criança e, como consequência, nós nos escutamos mutuamente. Uma experiência em que todos aprenderam e reconheceram isso, que nenhuma das partes se sentiu ou permitiu ser objeto da outra, mas sim uma experiência que se constituiu fundamentada na pedagogia freiriana, em que: "[...] quem forma se forma e re-forma ao formar e quem é formado forma-se e forma ao ser formado" (FREIRE, 2002, p. 25). É preciso que, independentemente do contexto em que a formação docente aconteça, os docentes vivenciem o mesmo sentimento.

> *É bom rememorar nossos encontros, como disse a colega Lúcia. Vivenciamos um verdadeiro túnel do tempo. Lendo todos os* slides, *tenho a convicção de que realmente fomos modificados, tocados pela intencionalidade da escuta. Saudades de suas postagens, Simone, saudades de nossas reuniões e dos bate-papos virtuais* (FERREIRA).

O contexto virtual representou um tempo de escuta legítimo em que consolidamos os conhecimentos construídos sobre a escuta, conforme descrevo a seguir.

3. Descobertas, surpresas, frustrações e ressignificação da prática docente. Escutar pedagogicamente para ensinar, aprender, humanizar e democratizar a escola

Escutar pedagogicamente, conforme detalhado no capítulo 1, representa escutar as crianças garantindo a sua participação, observando seus gestos, suas posturas, os gostos, as preferências, as dificuldades e sobretudo os silêncios que manifestam. É escutá-las amorosamente, a partir de uma relação dialógica estabelecida com a criança, com empatia, enxergando, percebendo e sentindo o outro de forma integral, com a intencionalidade de considerar sua fala na tomada de decisão docente quanto aos percursos do processo ensino-aprendizagem. Participação e colaboração são os princípios estruturantes da escuta pedagógica.

Para escutar pedagogicamente, os professores assumiram a responsabilidade de escutar as crianças, insistindo nessa escuta, dialogando com elas e consigo mesmos. Construindo sentidos para o ato de escuta, eles foram tomados pela vigilância crítica (FRANCO, 2012), um estado permanente de alerta despertado a partir da inquietação e da indignação, uma percepção que a curiosidade trouxe e que os fez investigar a própria prática. Nesse movimento, a realidade foi percebida e se voltou sobre eles indicando para todos que a respectiva presença consciente no contexto em que pouca ou nenhuma oportunidade era concedida para a fala das crianças, implicava no reconhecimento de que precisavam atuar sobre ela, e não negá-la.

A conscientização, que decorreu do desenvolvimento da criticidade ao longo do processo de investigação, os comprometeu a agir para transformar tal situação, possibilitando que os docentes vivenciassem a afirmação de Freire (2016, p. 51): "Se os homens são produtores desta realidade e se esta, na 'inversão da práxis', se volta sobre eles e os condiciona, transformar a realidade opressora é tarefa histórica, é tarefa dos homens".

As ressignificações elaboradas indicaram os novos olhares que os docentes debruçaram sobre a realidade, tanto a que atuavam quando iniciamos os estudos, como a que estavam inseridos na finalização da formação.

Realidade que ao iniciarmos os estudos não era vista por eles como uma situação limitante e opressora para as crianças, tampouco para eles próprios, e que na segunda etapa da investigação, distanciados daquele momento e vivenciando a escuta das crianças no seu cotidiano, possibilitou a elaboração de novas compreensões que indicaram rupturas cognitivas, que permitiram que os professores avançassem nas suas concepções de educação, de relação adulto/criança, de currículo e de escuta.

No reencontro com os conhecimentos construídos, as colocações contemplavam conteúdos como as relações de poder e o adultocentrismo, ou seja, as teorias que estudamos atuaram como ponte para a compreensão da escuta e suas finalidades, o que mostra como a experiência vivida coletivamente e os conhecimentos construídos repercutiram na prática pedagógica por eles desenvolvida. *A formação continuada contribuiu na constituição da práxis da escuta, que decorreu de um processo complexo.*

A complexidade que há em um processo de formação continuada não está evidente na BNC-formação continuada. Ao realizarmos uma formação, precisamos estar atentos para sua abrangência no contexto escolar, espaço privilegiado para o seu desenvolvimento. A formação, além de questionar e legitimar o conhecimento profissional que o docente possui, precisa oportunizar:

> [...] a descoberta da teoria para organizá-la, fundamentá-la, revisá-la e combatê-la se preciso [...] ajudar a desenvolver um conhecimento profissional que permita avaliar a necessidade potencial e a qualidade da inovação educativa que deve ser introduzida constantemente nas instituições [...] aprender continuamente de forma colaborativa, participativa, isto é, analisar, experimentar [...] junto com os colegas [...] aprender mediante a reflexão individual e coletiva a resolução de situações problemáticas da prática [...] aprender em um ambiente formativo de colaboração e de interação social: compartilhar problemas, fracassos e sucessos com os colegas. Elaborar projetos de trabalho conjunto e vinculá-los à formação mediante estratégias de pesquisa-ação (IMBERNÓN, 2010, p. 72-73).

A prática docente foi investigada a partir da escuta, e nessa perspectiva, portanto, conferimos dinamicidade ao processo, o que permitiu questionarmos os protocolos, padrões e apostilas, um processo que teve como prerrogativa o distanciamento das práticas acríticas, e no qual os professores construíram uma práxis pedagógica vivenciando a conquista da sua autonomia profissional, que por sua vez não é sinônimo de se "arranjar sozinho" (CONTRERAS, 2012).

"A autonomia, enquanto amadurecimento do ser para si, é processo, é vir a ser" (FREIRE, 2002, p. 121), e investigar a escuta oportunizou que os docentes vivessem a construção da autonomia refletindo sobre a prática docente e os condicionantes que conduzem ao seu engessamento, sensação enfatizada pela professora Lúcia na finalização da pesquisa: "a gente faz tudo sozinha, não tem parceiros, o sistema é assim, é sondagem, é avaliação, é um monte de documentos [...] é importante, mas perdemos aquele tempo precioso com a criança, é muita cobrança" (LÚCIA).

Uma experiência libertadora. Foi nessa direção que aconteceu a formação continuada, na qual não se propuseram técnicas para chegar a um pensamento crítico. A formação se deu por processos dialógicos inspirados na dinâmica dos círculos de cultura concebidos por Paulo Freire, que têm o diálogo como princípio balizador e se dão na direção da construção da politicidade daqueles que dele participam, que objetivaram desencadear a conscientização dos docentes quanto à razão de ser e estar no mundo e, especificamente, quanto à razão de construírem práticas pedagógicas que dessem voz às crianças, seja qual for a condição da criança ou sua fase de desenvolvimento, superando assim as práticas silenciadoras das vozes infantis. O exemplo citado pela professora Magali evidencia isso.

> O círculo de cultura é um método criado por Paulo Freire. É o símbolo mais adequado à lembrança das experiências de cultura e de educação popular realizadas no Brasil e na América Latina a partir dos anos de 1960. O diálogo é o princípio fundante do círculo de cultura e fator básico que esta proposta defende para a construção de uma prática pedagógica democrática. Os círculos de cultura foram pensados a partir de trabalhos com psicoterapia, representam um espaço em que predominam o despertar para uma nova forma de construção de conhecimento a partir do coletivo. A partir das experiências vividas pelas pessoas que participam do círculo, objetiva-se a construção de uma educação libertadora e a superação da educação bancária (BRANDÃO, 2017).

> *Essa questão do adultocentrismo acontece muito. Os exemplos que eu vou dar são reais, a gente não quer dar a mão à palmatória, mas acontecem no nosso dia a dia com muita frequência. Recebi este ano uma criança com Síndrome de Down, que não tem nenhum atendimento fonoaudiológico, terapia ocupacional, não pratica esporte, ela não é estimulada como deveria ser.*

> *O adulto que a acompanha no refeitório pede que ela sente. Ela senta, mas ela só quer jogar o corpinho dela no banco. A atitude do adulto é insistir: senta, é aqui que senta, olha seus amigos, e fica naquele cabo de guerra. Por conta dessas situações, eu optei em fazer a refeição e a escovação junto com meus alunos, pois eu relaciono esta situação com a questão da escuta. Nos nossos encontros, nós tínhamos levantado essa questão, a escuta é escutar o sorriso, uma cabeça baixa, um olhar perdido, qualquer gesto que a criança venha a fazer. Não é só quando ela fala ou pergunta, mas a escuta de uma forma geral. Escutar a criança naquele momento em que ela está no refeitório, faz com que eu tenha outra abordagem. Conhecer conceitos, saber sobre desenvolvimento, saber que é possível dentro de um contexto social ter uma aprendizagem e eu não ficar esperando que essa criança se apresente como todas as demais, mas sim considerar todo um contexto diferente e ter esse olhar de investigação. A questão da escuta para mim fica claro quando nós permitimos que a criança possa demonstrar como ela pensa, como ela age e como ela consegue fazer* (MAGALI).

Os sentidos atribuídos para a escuta a partir de uma escuta realizada com empatia, na qual a professora percebe as dificuldades da criança escutando-a com respeito, indignando-se perante práticas acríticas adotadas no contexto escolar, sentindo a criança na sua integralidade e exercitando o ato de escutar de forma democrática, decorreu da construção dos conhecimentos que elaboramos juntos sobre a escuta das crianças em um processo reflexivo crítico de investigação, em que vimos a partir das ações adotadas a escuta paulatinamente se constituir pedagógica.

Conferimos assim, coletivamente, à escuta, estatuto epistemológico, superando as fragilidades presentes nas práticas pedagógicas: "As práticas pedagógicas se apresentam nas ciências da educação com estatuto frágil: reduzem-se a objeto de análise das diversas perspectivas (história, psicologia etc.). É preciso conferir-lhes estatuto epistemológico" (PIMENTA, 2009, p. 27). *E como podemos no cotidiano escolar atuar criticamente, e agir nesta direção?*

Pesquisando a prática, investigando-a. Partimos de uma problematização que decorreu do silenciamento das vozes infantis no contexto escolar; logo, problematizamos a ausência do nosso objeto na constituição da prática docente. Houve intencionalidade para encontrar soluções, realizamos experimentos metodológicos, escutas individuais e coletivas das crianças, enfrentamos situações vistas pelos docentes como complexas, sobre as quais refletimos coletivamente, contemplando tanto o ato de escutar como o teor das escutas, caminhamos assim na direção da constituição de uma didática inovadora (PIMENTA, 2009), que culminou na transformação do pensar, do agir de cada docente, assim como na transformação da relação que se estabelece entre adultos e criança, e da realidade da sala de aula. Ocorreu a metamorfose que Nóvoa (2019) nos coloca e que se dá todas as vezes em que os docentes se juntam em coletivo para pensar o trabalho e construir práticas pedagógicas diferentes.

A *escuta pedagógica* é uma prática diferente e humanizadora, que propõe olharmos para além da aparente naturalidade com que se apresenta o silenciamento das vozes infantis, desafiando, com o pensamento crítico, práticas validadas pelo senso comum, para assumirmos que a escuta das crianças possibilita imaginar um futuro que não se limitará a reproduzir o presente.

> **Ferreira**: *Nesta retomada das nossas discussões e a participação neste estudo faz repensar a nossa prática e modificá-la à luz de novos conhecimentos adquiridos aqui. Eu particularmente tive a minha percepção recalibrada no universo, e no comportamento dos nossos aprendizes. Atentar mais cuidadosamente para as falas das crianças e seus significados, para o silêncio e suas escolhas, foram mudanças inseridas na minha prática. O adultocentrismo que leva o adulto a se utilizar costumeiramente do modelo, se tornou o modo mais fácil de ministrar aulas, de se transferir conhecimento, despejar em cima do aprendiz muitas vezes de maneira alheia a quaisquer pedagogias conhecidas, conteúdo atrás de conteúdo, sem se preocupar se teve ou não aprendizagem. A Pedagogia da Escuta veio resgatar o sentimento de empatia, exercício que facilita o nosso relacionamento com os outros. Não direi que é fácil, exige disciplina e trabalho dobrado. Hoje, eu busco perceber mais cada educando, conhecê-lo mais, para que possamos aprender juntos sobre nosso corpo e suas possibilidades motoras.*

> **Lúcia**: *Hoje eu posso dizer que ainda prevalece o adultocentrismo, de uma forma mais preocupante, porque antes nós professores não tínhamos tantas ferramentas e descobertas como temos hoje. Sempre escutei dos meus pais que quando adulto fala, a criança cala, ou a criança nem entra na conversa, isso nós falamos nos nossos encontros presenciais, a criança não tinha vez. Então assim, o adulto é dono do conhecimento e a criança é uma página em branco. A gente não escuta falar isso na escola, mas a gente vê na prática e na sala de aula. Eu tenho tentado mudar ao máximo minhas práticas pedagógicas, até porque eu realmente quero que minha criança, meu aluno, seja protagonista do seu processo de aprendizagem. Ela tem história, ela tem sentimentos, tem ideias, ela deve ser observada como um todo, em seus movimentos, nas suas diversas formas de expressão, suas interações com o meio; e na sua atuação nas atividades realizadas, nós podemos escutar a criança. Isso ajuda a nortear um trabalho pedagógico de forma mais efetiva e significativa para o processo de ensino-aprendizagem.* **Eu posso dizer que a escuta para mim hoje é como uma bússola** (Destaque da autora).

O fatalismo presente no pensar e agir dos professores ao iniciarem a investigação, foi substituído pela criticidade. Os professores tiraram o véu de uma realidade em que ainda se faz presente a concepção de criança como ser de vir a ser, para compreendê-la como uma pessoa com agência, um conhecimento importantíssimo para o docente, que favorece a constituição de uma relação humanizada com a criança.

Dispor de agência, como elucidam Oliveira-Formosinho, Kishimoto e Pinazza (2007, p. 27) fundamentadas nos estudos do sociólogo Barry Barnes, significa "ter poder e capacidades que, através de seu exercício, tornam o indivíduo uma entidade ativa que constantemente intervém no curso dos acontecimentos".

Portanto, a criança precisa ter possibilidades de elaborar ideias, externar suas vontades, dúvidas, fazer escolhas no percurso da sua aprendizagem, que ora podem ser as que lhes são propostas, ora diferentes e que carecem de espaço para sua manifestação. Para isso, precisa ter liberdade, se sentir livre para experimentar, arriscar, externar seus pensamentos e demonstrar sem medo suas emoções. Os professores, em suas falas, trouxeram a compreensão construída com o exercício da escuta, sobre o que é uma pessoa com agência, aprenderam na prática, subsidiados pela teoria, que a criança pode e tem o direito de ler o mundo e interpretá-lo, construindo saberes desde a mais tenra idade.

As ideias que os docentes apresentaram se sustentam em uma racionalidade problematizadora que revela indignação e abre possibilidades para outra realidade mais justa e mais solidária na Educação Infantil. Há urgência no contexto escolar de ocorrerem formações docentes em que os professores possam investigar a própria prática para aprender, construir conhecimento e se sentirem comprometidos eticamente com a escuta das crianças.

Na formação docente, os professores realizaram um permanente esforço de reflexão sobre as próprias práticas. Vemos isso nas falas que externam uma busca permanente a partir da reflexão, que os conduzem novamente à prática, um processo em que constroem a práxis da escuta, a práxis autêntica enfatizada por Freire (2016, p. 73): "[...] se o momento já é o da ação, esta se fará autêntica práxis se o saber dela resultante se faz objeto da reflexão crítica", tal como os docentes enfatizaram à medida que assumiram a presença da escuta pedagógica orientando suas ações docentes.

Reflexão crítica que se encontra com questões do currículo e do planejamento, que no início da pesquisa eram compreendidas como tensões que obstaculizavam a concretização plena da escuta, e que no processo de constituição da práxis da escuta foram ressignificadas, à medida que a colaboração, princípio estrutural da escuta pedagógica, foi considerada pelos docentes na construção da prática pedagógica por eles adotadas.

> *Eu gosto muito de contar histórias para as crianças. Meus avós contavam muita história. A leitura, os jogos simbólicos, as atividades e brincadeiras são uma forma muito eficaz de escutar a criança. Vou dar um exemplo: no início da semana passada eu escolhi o livro* **Blim Blom***, que eu nunca tinha lido para eles, e naquele dia peguei aleatoriamente, porque gosto de surpreendê--los, e também gosto de me surpreender. Comecei a ler e o livro fala assim:*

> *uma criança vai e aperta o botão da campainha da casa amarela e nela tem um determinado bicho, um leão. Na casa rosa tem uma aranha, em cada casa tem um bicho diferente, e por fim tem uma casa colorida que é onde encerra a história. Eu fiquei olhando para as minhas crianças e me perguntando: qual era a moral da história? Uma criança colocou a mãozinha no queixo e disse: "professora, acho que minha casa não é amarela". Outras crianças ficaram preocupadas, olhando para o amigo com olhar vago para saber qual era a cor da sua casa. Isso desencadeou tantas coisas. Uma criança falou: o número da minha casa é quatro, quatro. Ela não sabe que é 44, mas lembrou do quatro, outra falou: professora, a minha casa é o 1 e o 9. Então, a partir desse contexto, desenvolvi um trabalho e estou seguindo. O planejamento é importante, mas podemos percorrer outros caminhos. Podemos pegá-lo e acrescentar outro conteúdo partindo dessa escuta da criança. Isso é possível, mesmo que o sistema não ajude, que a escola não ajude, mas o professor pode, ele consegue. Existe sim um planejamento, planejar é necessário, mas é preciso a gente sair um pouquinho disso, ou melhor, é preciso sair muito disso* (LÚCIA).

A escuta das crianças alicerçada no diálogo, que é sempre comunicação, e que funda a colaboração, como nos ensina a pedagogia freiriana, mostra que a intencionalidade pedagógica que a escuta real carrega consigo pode construir espaços no currículo e no planejamento, com conteúdos relacionados à vivência da criança nos contextos em que está inserida.

Esse é o caminho que a escuta pedagógica apresenta para democratizar o currículo, uma vez que os conteúdos que decorrem do pronunciamento das vozes das crianças oferecem novas possibilidades e contribuições para o currículo, e consequentemente para o planejamento elaborado, selando assim a sua colaboração no seu percurso de aprendizagem e oportunizando para a criança uma experiência verdadeiramente significativa, na medida em que tais aprendizagens que dela decorrem podem ser empregadas em experiências futuras.

A escuta real pode ir além da escuta alicerçada no saber fazer. Precisamos ampliar a proposta da BNCC-EI e trabalhar pedagogicamente com a escuta na dimensão da problematização da realidade.

A escuta pedagógica realizada por esse caminho metodológico descrito pela docente representa uma prática pedagógica construída a partir da consciência da necessidade de a criança ser colaboradora e coparticipante do seu processo de aprendizagem.

A práxis da escuta decorreu do que-fazer de crianças que têm espaço para falar, perguntar, dialogar e serem escutadas, e do que-fazer de adultos/professores que escutaram pedagogicamente, problematizaram, construíram hipóteses, se arriscaram, alteraram rotas e ações construindo novos caminhos, refletiram criticamente em um ciclo contínuo e ininterrupto, reconstruindo suas práticas pedagógicas, superando práticas atreladas à concepção bancária de educação.

Escutar as crianças contribuiu para a promoção da ingenuidade à criticidade, que se deu por conta de a ética e da estética estarem de mãos dadas, entendidas na pedagogia freiriana como a decência e a boniteza. Estes saberes, uma vez constituídos na identidade profissional do professor, impedem que o docente, diante dos obstáculos e desafios, escolha um desvio fácil, como, por exemplo, um desvio para o autoritarismo.

Os processos de formação docente que se dão no contexto escolar precisam contribuir para a compreensão da ética por parte dos docentes, pois "[...] não é possível pensar os seres humanos longe, sequer, da ética, quanto mais fora dela" (FREIRE, 2002, p. 37). A ética é uma obrigação moral, não é imposição, mas assunção que por sua vez desencadeia o desenvolvimento da autonomia profissional (CONTRERAS, 2012). Escutando as crianças, os docentes sentiram o que é ter autonomia profissional, o que permitiu que sentimentos como a indignação e repulsa por situações reprováveis no ensino se fizessem presentes na consciência, rejeitando uma prática discriminatória e alienada.

> É perceptível que nós não conhecíamos a importância dessa prática da escuta na nossa atuação na escola, ou seja, dentro do nosso currículo. Uma coisa que eu estava aqui pensando, a escola limita a criança de ser criança, ela se manifesta no movimento. Ela pede para beber água, sai correndo, vai

> *pulando e lá se vai a nossa fala, pedindo que ela pare de correr, pare de pular, sendo que este comportamento é da criança. Essa prática, por exemplo, de mostrar a escola toda para a criança de 4 anos no primeiro dia de aula, eu confesso que já fiz muito isso, e me pergunto: qual a seria a importância dessa prática? Tudo apressadamente, a criança tem o tempo dela, é importante ela conhecer, mas precisa ser com calma e permitindo que ela explore os espaços. São coisas na nossa prática que se a gente filmasse, depois fosse ver essa filmagem, a gente no dia seguinte agiria de outra forma. Eu considero essa uma reflexão importante para que possamos dar possibilidades para que o desenvolvimento da criança venha realmente acontecer na aprendizagem. Com os estudos que realizamos nos encontros, eu tenho melhorado. Tento melhorar cada vez mais, falta muito, falta bastante, eu sei disso, e fico feliz por ter essa noção e acabo também me policiando em outras coisas. É como a colega falou, parece que na escola a criança deixa de ser criança (LÚCIA).*

Os hábitos automatizados, que contribuem para a adoção de práticas acríticas e que impedem a mente de funcionar epistemologicamente, gradativamente foram percebidos. As práticas bancárias, no máximo, amenizam as situações desumanas e mantêm as consciências imersas na realidade opressora. A racionalidade problematizadora em oposição a este intuito envolve e compromete o professor na direção da mudança, estudar e criar estratégias para atuar permite que a curiosidade se arme tornando possível a reflexão crítica e, consequentemente, a busca pela razão de hábitos automatizados. O resultado desse processo foi a construção um que-fazer, humanista e libertador que construiu caminhos para a emancipação.

> *A educação que recebi dos meus pais foi rígida e eu sou um pouco assim, eu repensei tudo isso com a pesquisa. A criança não tem como conversar com o ambiente escolar, como grupo, com uma maneira diferente, ela não tem espaço. Dá para fazer fila e ser diferente, tipo: hoje vamos na fila fazendo uma minhoca, vamos de três, inventando um animal, ou simplesmente andando. Nestas conversas que realizamos aqui no grupo de WhatsApp, tem um áudio da Lúcia que ela fala que o aluno acha a vida adulta muito chata e isso me fez lembrar de um aluno hiperativo, que era muito chamado a atenção na escola e um dia ele falou: "o tio tem a vida na escuridão, ele deve ver tudo escuro". Olha a leitura que ele fez, precisamos pensar nisso. Olha o quanto precisamos escutar (MAGALI).*

Os docentes perceberam o autoritarismo presente no contexto escolar e, de forma processual, se assumiram epistemologicamente curiosos. Eles tomaram distância da prática adotada e, ao olhá-la sob a perspectiva da escuta pedagógica, da prática, se aproximaram com gosto e ímpeto para compreendê-la e assim desvendá-la. Subsidiados pela pedagogia freiriana, compreendemos que a curiosidade epistemológica é indispensável à formação de professores, uma curiosidade "[...] que não é qualquer curiosidade, mas sim é aquela que está ligada ao difícil, mas prazeroso, ato de estudar" (FREITAS, 2017, p. 108), e acrescento, ao difícil, porém prazeroso, gratificante e imprescindível processo de investigação da própria prática.

Curiosidade epistemológica que se desenvolveu no processo de tomada de consciência dos docentes, resultado da inserção feita por eles à medida que realizaram a investigação da prática pelo caminho da escuta pedagógica na realidade escolar, ao investigarem a situação em que estavam, ou seja, a situacionalidade, como coloca Freire (2016), que os desafiou e sobre a qual agiram. Inserção que permitiu que se descobrissem como autores e reprodutores de práticas silenciadoras das vozes infantis, possibilitou que se olhassem e olhassem criticamente a situação em que estavam imersos, e ao se engajarem coletivamente, emergiram desvelando a realidade. Como resultado, conscientizaram-se quanto aos pontos por eles mencionados, ocorrendo o que Freire (2016, p. 141) fala:

> [...] *a inserção é um estado maior que a emersão e resulta da conscientização da situação. É a própria consciência histórica. Daí que seja a conscientização o aprofundamento da tomada de consciência, característica, por sua vez, de toda emersão. Nesse sentido, é que toda investigação temática de caráter conscientizador se faz pedagógica e toda autêntica educação se faz investigação do pensar.*

A conscientização que emergiu de todo processo oportunizou reflexões críticas que mostraram o engajamento com a ação transformadora, "[...] que não para no reconhecimento puro, de caráter subjetivo, da situação, mas pelo contrário, prepara os homens, no plano da ação, para a luta contra os obstáculos à sua humanização" (FREIRE, 2012, p. 114). Os professores assumiram criticamente a elaboração da sua prática pedagógica, ficando em permanente estado de vigilância crítica, os seus posicionamentos indicam o compromisso assumido por eles em construir uma relação com a criança e, consequentemente, um processo de ensino-aprendizagem adequados: "Eu sempre vou continuar melhorando e procurar não perder essa prática de escutar as crianças, de organizar os diálogos com eles, para estar sempre me vigiando e orientar, **ajudar e nunca oprimir**" (RUTH).

O estado de alerta que decorre da inquietação e da indagação que a curiosidade traz, contribuiu para o entendimento de que não escutar a criança representa um ato opressor; a compreensão, por parte do docente, de que a criança tem o direito a processos de aprendizagem que possibilitem a constituição do seu "ser mais", assim como ele tem direito a processos formativos que venham a contribuir para o seu desenvolvimento profissional e que possibilitem a conquista do seu "ser mais" (FREIRE, 2016), pois como a professora ressaltou, escutar, para ela própria se vigiar, para ela própria se perceber na prática pedagógica que constrói. *A busca pelo ser mais é um direito que não podemos negar e que não nos pode ser negado.*

Na perspectiva freiriana, a escuta pedagógica representou o inédito viável, "[...] algo que era inédito, ainda não claramente conhecido e vivido, mas quando se torna percebido destacado não é mais um sonho, ele se torna realidade" (FREIRE, 2017, p. 225), e assim ocorreu com a escuta pedagógica. Os docentes, à medida que emergiram da realidade que não compreendia a escuta como um saber pedagógico, a objetivaram, a conheceram e a transformaram, o ato de ouvir no ato de escutar, a partir do seu que-fazer, da ação e reflexão, constituindo assim a práxis da escuta.

Ao ressignificar os conhecimentos construídos, foi possível percebermos didaticamente como se constitui a práxis da escuta e sua respectiva materialização na rotina escolar junto às crianças.

> *Hoje minha prática avançou muito. Eu organizo melhor o tempo com as crianças, o tempo de aprendizagem, baixei demais a minha ansiedade. O que eu planejo não é para agora, é dentro de um processo de tempo maior; optei em fazer rodas de leitura e apresentar caixa de livros, e a intenção era mostrar a biblioteca, mas infelizmente aconteceu a pandemia e nos afastamos da escola, mas minha intenção era contar a história da nossa biblioteca, perguntar para eles: a gente lê livros só na sala de aula? Deixar as coisas acontecerem aos poucos, fazer a criança se contagiar, sentir o gosto, despertar. Também os momentos para escutá-los vão acontecendo durante todo o processo, situações em que vamos escutando e vamos refletindo e transformando. Outra questão são os cantos: eu acreditava neste trabalho e ao longo dos anos fui deixando para trás, porque a gente é engolida pelo sistema e a gente permite ser engolida, e eu retomei com os cantos porque são outra oportunidade onde a escuta acontece de maneira muito natural e bela. É um momento fundamental para a escuta acontecer e se constituir de maneira pedagógica. As rodas, que não acontecem mais, só as rodas de conversa e rodas de leitura, são também para apresentar uma proposta, tirar dúvidas, aceitar sugestões, saber como eles estão se sentindo, se eles têm algo a falar que os deixou ou deixa tristes ou felizes na escola, ou com a sua família, é o momento de a gente desabafar, e também avaliar como está sendo a escola; eu trago determinados pontos que precisamos discutir e eles falam outros, a gente vai mediando. A criança traz e eu vou aproveitando coisas que às vezes eu falava, tá bom, então tá bom e tá bom para gente encerrar aquele assunto, porque eu tinha que voltar para a lousa para apresentar outra folha para dar continuidade no conteúdo. E uma última questão que eu acho que também ajuda muito a escuta a se constituir pedagógica é facilitar para que a criança seja criança na escola, onde a criança na escola é a podada. Parece que a gente tem raiva de criança na escola. A criança tem aquela alegria, tem aquele impulso de pular, e sai pulando, indo para o bebedouro pulando, e a gente está o tempo inteiro falando, assim não, não pula, não corre, dá a mão, olha a fila, faz fila – e você vê que as escolas são organizadas em fila (MAGALI).*

A escuta pedagógica pode, como descrito, religar adulto e criança, a partir da abertura à sua fala, do diálogo com elas, buscando, como na fala da professora, conhecer o que sabem, o que não sabem, o que acham, o que sentem, suas inseguranças, preferências, dificuldades e o que propõem. A escuta pedagógica estará efetivamente ressignificando a prática docente a partir do momento que o professor compreender a criança como colaboradora no seu processo de aprendizagem, e sua fala for considerada pelo docente na sua tomada de decisão.

Escutar pedagogicamente é reconhecer a alteridade da criança, reconhecer seus tempos de aprendizagem e seus direitos. É uma escuta que precisa ser realizada com humildade, tolerância e amorosidade por parte do docente, a quem cabe acolher a sua fala com o propósito de que o teor da escuta realizada reverbere na constituição da sua prática pedagógica, possibilitando assim, reafirmo, que a criança seja colaboradora no seu processo de aprendizagem, contribuindo para a constituição de uma educação humanizada para a criança pequena.

Como atividade de estudo, proponho que seja desenvolvido na sala de aula da formação inicial um projeto de investigação em espaços escolares que objetive escutar a criança, jovem ou adulto sobre as impressões que têm acerca da escola. As narrativas representarão objeto de estudo a serem compartilhadas e analisadas à luz da teoria freiriana, na dinâmica da sala de aula dos respectivos cursos.

Palavras finais

*Enquanto presença na História e no mundo,
esperançosamente luto pelo sonho, pela utopia, pela esperança, na
perspectiva de uma Pedagogia Crítica. E esta não é uma luta vã*
(FREIRE, 2000, p. 53).

Sonhando e esperançando, como Paulo Freire incansavelmente fez ao longo da sua vida, também sonhei com uma escola mais justa, mais inclusiva e de qualidade para todos, e com o desejo de agir na direção de tornar o sonho realidade é que encontrei na escuta das crianças esta possibilidade. A *escuta pedagógica*, principal fio condutor deste livro, representa meu desejo em contribuir com a construção de projetos de educação, no contexto das nossas escolas, que priorize as crianças como um ser de direito, objetivando a humanização e democratização das relações adulto e criança.

Na perspectiva da pedagogia crítica freiriana, a escuta pedagógica é a utopia possível, um sonho que, para se tornar realidade e para que acontecesse efetivamente, precisou, a partir da indignação, denunciar o silenciamento histórico das crianças no contexto escolar e anunciar uma nova realidade que poderia vir a ser, em que as vozes infantis fossem consideradas na constituição da prática pedagógica, rompendo e superando as práticas acríticas na Educação Infantil. O pensamento profético analisou criticamente a realidade, denunciando a transgressão do silenciamento das vozes infantis e anunciando que escutar pedagogicamente é possível e urgente.

Não podemos continuar consolidando a presença na nossa cultura de atitudes, frases, regras e demais ações que perpetuam o silenciamento das crianças, pois quando um adulto fala, a criança não precisa calar. Os espaços de convivência, de adulto e criança, organizados e construídos alinhados com a ética e a estética, segundo os ensinamentos freirianos, não são territórios da opressão, mas sim da partilha, do aprendizado e da colaboração. Portanto, quando uma criança fala, ela precisa ser ouvida com respeito e amorosidade.

Poeticamente, a professora Lúcia, ao escrever o "Cordel da escuta", mencionado no capítulo II, no qual sintetizou suas memórias, proporcionou para todos nós reflexões quanto à atualidade da sua fala.

> [...] Tanto em casa como na escola, criança não tinha vez
> Fui vítima de muito silêncio, talvez como todos vocês
> [...] Foi assim por muito tempo, minha vida escolar
> Sobreviver na metodologia que o sistema resolvia aplicar
> Se era certo ou errado tínhamos que aceitar
> Escutar naquele tempo, era lenda por lá
> E o que lamento agora, é que ainda
> tem escola que vem a não escutar
> Escutar o aluno hoje não chega ser diferente
> Do aluno do passado, porque muitos professores
> querem manter o legado
> Eu particularmente quero mudar esse lado [...]

Para que possamos chegar a um momento da história da educação, em que o silenciamento das crianças seja algo realmente superado, reafirmo: PRECISAMOS DA ESCUTA PEDAGÓGICA! PRECISAMOS DA PESQUISA NO DIA A DIA DA ESCOLA!

O sonho de escutar as crianças trouxe a pesquisa para o contexto escolar por meio da pesquisa-ação pedagógica, e a dimensão formativa do processo foi privilegiada. O direito que os docentes têm de viver o protagonismo docente, investigando a própria prática e construindo novos conhecimentos, foi garantido. Objetivei que a escuta tocasse a alma do docente para que o teor da escuta o levasse a ousar, arriscar, recriar, atravessar fronteiras transformando a relação com a criança, a prática docente e a realidade escolar que, ao silenciar as vozes infantis, inviabilizaram a infância. E assim aconteceu.

"A luta não foi em vão", e reflexões como as da professora Magali confirmam isso: "Sabe, Simone, nós temos que estar inteiros enquanto profissionais com a criança, da hora que a encontramos às 7h da manhã, até o horário que nos despedimos, e o que para mim fica óbvio hoje é essa questão de a escuta ser algo que faz parte da alma". Esta fala sintetiza o sentimento de todos os docentes que se propuseram a escutar as crianças, e que de diferentes formas, conforme apresentei ao longo dos capítulos, demonstraram o reconhecimento de que a escuta pedagógica, vivida e construída pelos caminhos investigativos que trilhamos, gerou satisfação em construir conhecimentos sobre a escuta e sobre o ato de escutar, saberes pedagógicos que oportunizaram a constituição da práxis da escuta.

Ousei sonhar com a escuta das crianças e ousamos ao construir conhecimentos sobre ela. A ousadia mexeu emocionalmente com os professores, com o que é comumente colocado de lado nos processos formativos protocolares e inconsistentes que se dão na escola. Escutar pedagogicamente as crianças mostrou que há urgência em oportunizar processos formativos críticos, para que os professores, seja na formação inicial ou continuada, tenham possibilidade de refletir criticamente, em parceria com o outro, em uma dinâmica que traga para os docentes confiança, esperança e fé em si mesmos, sentimentos que não se constroem sozinho, mas no coletivo, impulsionando-os a investigar a própria prática, como realizamos, intervindo na realidade para transformá-la.

Palavras finais

O ser humano tem vocação para a intervenção; intervindo na realidade, o silêncio foi transformado em voz, e as narrativas reverberaram na constituição da práxis da escuta.

A *escuta pedagógica* não está pronta, é uma escuta de alma freiriana, uma escuta essencialmente amorosa, inconclusa, assim como nós, e para que possamos assumi-la nos processos formativos e na prática docente, primeiramente precisamos nos indagar: a qual projeto de educação estou/estamos atrelados/agarrados?

Escutar pedagogicamente exige, por parte daquele que escuta, o compromisso ético e político em atuar na direção da consolidação de um projeto de educação que inclui, liberta, democratiza e humaniza crianças e professores, e assim podemos aprender a pensar criticamente. Somos seres condicionados, seres de decisão e ruptura, e para romper com o silenciamento de crianças e professores, temos o direito de viver experiências afirmativas quanto à liberdade, à ética e à responsabilidade, como ocorreu na pesquisa-ação.

Há urgência na construção de ações investigativas-formativas fundamentadas na perspectiva freiriana, pois são vitais para o desenvolvimento da criticidade, tanto na formação inicial como continuada, e a escuta pedagógica trouxe fortemente esse aspecto. A visão de mundo problematizadora, organizada a partir de um trabalho intelectual sério, em que a investigação da própria prática pelos docentes é compreendida como essencial, trouxe a pesquisa educacional para o contexto formativo, oportunizando que os professores compreendessem que a pesquisa é inerente à prática docente, pois sem pesquisa não teríamos avançado do ato de ouvir para o ato de escutar pedagogicamente a criança.

Ao pesquisar, os professores se envolveram emocionalmente e viveram a alegria de estar com o outro, de descobrir novas possibilidades para desenvolver o trabalho docente, sentiram prazer em estudar e em se encontrar consigo e com seus pares, experiência que os fez curiosos e que resultou na conscientização da necessidade da escuta das crianças, na constituição de uma prática pedagógica adequada para a criança.

A *escuta pedagógica* emociona, esclarece e conforta. Aprender a escutar a criança, permitir-se escutar, surpreender-se com sua fala, e também se decepcionar, ao perceber o descompasso da prática adotada com a realidade da criança, faz parte do processo. *Escutar pedagogicamente* permitiu que os docentes experimentassem a liberdade de pensar, tirassem dúvidas, mostrando, nesses momentos, a importância do coletivo pesquisador, para que se sentissem acolhidos e seguros para discutir as fragilidades, sem medo ou constrangimentos, uma experiência realmente significativa, como podemos sentir a partir das palavras da professora Magali.

> *Nós precisávamos naquele momento ficar nus frente ao outro para que a gente pudesse ser acolhido, ouvido, para que a gente também pudesse escutar o outro na sua nudez. E essa nudez, ela vem para mostrar que não tem outro jeito para mostrar que todos nós estávamos no mesmo ponto de partida, conhecendo algo que talvez já até tentávamos de alguma forma, mas ainda sem caráter formativo, mais teórico e fundamentado* (MAGALI).

Os docentes se sentiram úteis, reconhecidos como profissionais produtores de teoria, teoria elaborada e reelaborada no confronto entre as teorias educacionais estudadas e a prática, e que os fez pensar, questionar e refletir criticamente sobre a educação como um todo.

A educação está patinando na questão da escuta, pelo fato de ser um conhecimento novo que, pela primeira vez na história da educação nacional, conforme tratei nos capítulos anteriores, foi mencionada em uma orientação pedagógica, na Base Nacional Comum Curricular de Educação Infantil. Entretanto, foi proposta no documento de forma simplista, desprovida de abordagem teórico-metodológica adequada para que possa ser compreendida na sua essência, conforme este livro apresenta a partir da compreensão da escuta sob a perspectiva freiriana.

Na escola há lugar para a práxis, há lugar para uma práxis transformadora, libertadora e emancipatória como a práxis da escuta, práxis esta que valida que a escuta pedagógica pode ressignificar a prática docente no contexto da Educação Infantil. Logo, considero urgente que

PALAVRAS FINAIS

ocorram formações no contexto escolar que aprofundem o estudo da escuta na direção de se constituir pedagógica, tal como desenvolvemos no contexto da pesquisa-ação.

A fala coletiva decorrente do estudo desenvolvido permite pronunciar para o mundo da educação que é possível escutar pedagogicamente a criança. É possível escutá-la para conhecer suas preferências, dificuldades, inseguranças, alegrias, tristezas, expectativas e, principalmente, silêncios. Sua fala pode e precisa ter espaço de escuta para que seja compreendida como colaboradora no processo de ensino-aprendizagem, contribuindo para que o professor reflita criticamente sobre suas decisões, sobre o currículo, sobre seu planejamento, sobre sua prática pedagógica, resultando na constituição de uma Educação Infantil mais humanizada para a criança.

A *escuta pedagógica* é um caminho potencial de aprendizagem para as crianças e para o docente, representando uma ação vital para a constituição da práxis da escuta. Nessa direção, a professora Lúcia, de forma precisa e sensível, sintetizou o que a *escuta pedagógica* precisa representar para o docente que atua na Educação Infantil: "A escuta pedagógica é uma luz, e de que vale essa luz escondida? Essa luz tem que estar em cima de alguma coisa para servir de caminho [...] Eu posso falar que a escuta se tornou, para mim, uma bússola para saber qual ação devo adotar para aprimorar minhas práticas pedagógicas".

Diante do exposto, e alinhado ao posicionamento que assumo e defendo na minha participação junto às questões referentes à formação docente, apresento proposições que considero possíveis e necessárias nos âmbitos nacional e regional para viabilizar que os conhecimentos construídos sobre a escuta pedagógica contribuam na melhoria da qualidade do ensino oferecido na Educação Infantil.

- Contemplar na formação docente inicial do professor polivalente, a *escuta pedagógica* como um conhecimento relevante e indispensável a ser trabalhado no currículo, objetivando contribuir para a superação da proposta de formação utilitarista trazida na Base Nacional Comum de Formação com foco no saber-fazer, e que nesse documento a escuta está alicerçada.

- Desenvolver políticas públicas e fortalecer as que já existem, de valorização da carreira docente, no que se refere à remuneração, condições de trabalho e, principalmente, formação continuada, tendo em vista que a BNC-Formação Continuada formaliza em seu texto a mercantilização desta modalidade de formação em larga escala, permitindo que organizações especializadas possam oferecer esta modalidade de formação, concorrendo ou substituindo a formação no lócus escola, tendo em vista que a pesquisa que oportunizou a constituição da escuta pedagógica mostrou a importância de os processos formativos se desenvolverem alinhados com a realidade escolar.

- Incentivar e desenvolver projetos no âmbito das Secretarias Estaduais e Municipais de Educação, fomentando a articulação efetiva do Projeto Político-Pedagógico das unidades escolares com a formação continuada no lócus escola a partir da pesquisa-ação, objetivando o comprometimento dos participantes das equipes gestoras com a construção de alternativas para desenvolver a formação continuada nas escolas alicerçada na pedagogia crítica freiriana, estimulando um trabalho coletivo e a capacidade reflexiva crítica dos profissionais da educação que atuam nas escolas.

Ao finalizar este livro, reconheço que os conhecimentos construídos sobre a *escuta pedagógica* não são estáveis e apresentam limites e possibilidades. Os limites apontados e vividos pelos docentes no contexto escolar, e que estão atrelados às tensões institucionais, obstaculizam o pleno desenvolvimento do trabalho docente e acabam por refletir no contexto da sala de aula, porém, as possibilidades que estes mesmos docentes apontaram na direção de superar os obstáculos, permitem-me esperançar, como Paulo Freire ensinou, acreditando que a *escuta pedagógica* vai transformar, por onde ela passar, por onde for estudada, a relação que se estabelece entre adultos e criança, contribuindo na construção de uma educação mais humanizada na Educação Infantil.

Palavras finais

A *escuta pedagógica*, um sonho possível realizado, uma utopia possível, como nos relata Freire (2000), que pesquisadora e docentes tornaram possível, originou mais sonhos, originou mais inéditos viáveis, pois eles não representam algo definitivo e acabado, mas sim uma inquietude que nos mostra nossa inconclusão, que nos leva a desejar e sonhar.

Esta pesquisa alimentou sonhos, outros inéditos viáveis que proliferaram no âmbito da práxis, conforme compartilhou a professora Magali por mensagem de texto e publicação na sua rede social um ano após o encerramento da pesquisa. Convido você, leitor, a escutar estas mensagens pedagogicamente.

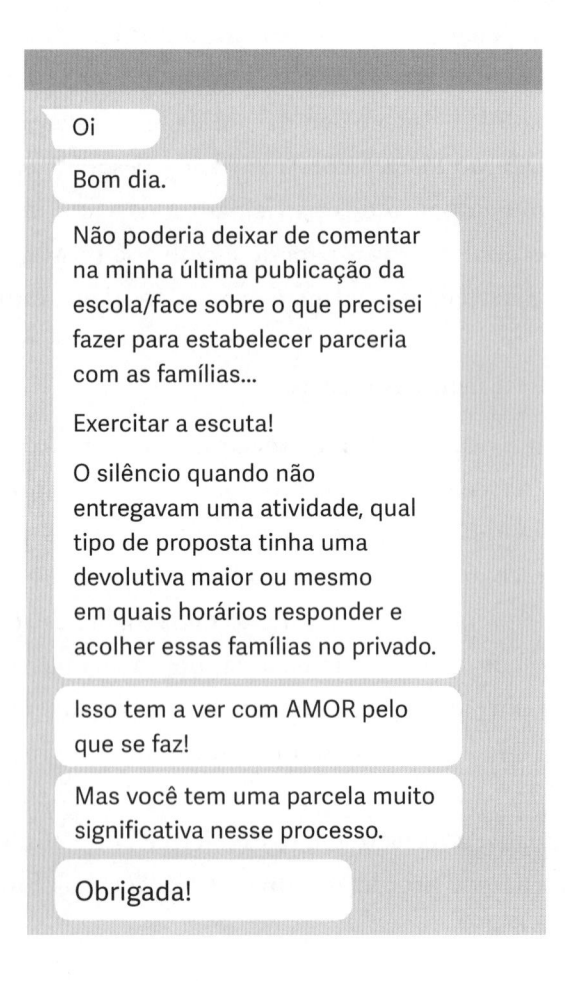

> Oi
>
> Bom dia.
>
> Não poderia deixar de comentar na minha última publicação da escola/face sobre o que precisei fazer para estabelecer parceria com as famílias...
>
> Exercitar a escuta!
>
> O silêncio quando não entregavam uma atividade, qual tipo de proposta tinha uma devolutiva maior ou mesmo em quais horários responder e acolher essas famílias no privado.
>
> Isso tem a ver com AMOR pelo que se faz!
>
> Mas você tem uma parcela muito significativa nesse processo.
>
> Obrigada!

> Ao longo do caminho encontramos possibilidades...
>
> E o que foi necessário???
>
> Exercitar a escuta!!!
> Principalmente das famílias que foram a ponte entre as propostas pedagógicas e as crianças.
>
> Um encontro para falar sobre os pontos positivos/negativos e agradecer por toda a parceria que estabelecemos, não poderia deixar de acontecer!
>
> E o coração, como fica?!
> Transborda felicidade e gratidão!
>
> Momento recheado de sentimentos bons!

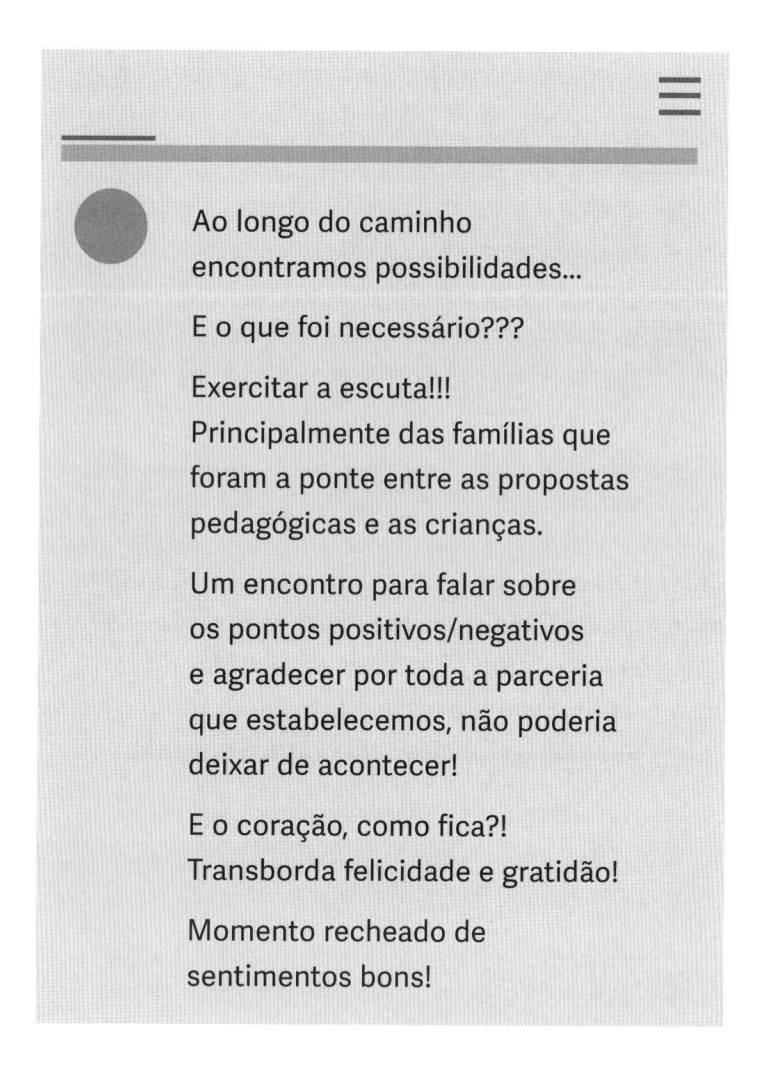

    Finalizo reafirmando minha fé nos homens, a mesma fé que me leva a acreditar que a escola pública em que estudei, atuei, é o espaço formativo privilegiado, onde podemos desenvolver o pensamento crítico, principalmente para as classes menos favorecidas que carecem de ser escutadas. A escuta é um direito que não pode ser negado para as crianças e que precisa ser garantida em todo e qualquer espaço onde a educação aconteça. Foi com esse objetivo que a escuta pedagógica se fez uma utopia possível.

PALAVRAS FINAIS

Escutar as crianças é um ato de extrema afetividade e amorosidade. É mais que um olhar na direção, é olho no olho. Um ato que envolve todos os sentidos do corpo de quem escuta. É um processo que exige cuidado e, acima de tudo, o respeito pela criança que fala.

Simone do Nascimento Nogueira

Referências

ALMEIDA, Silvio Luiz de. *O que é racismo estrutural?* Belo Horizonte: Letramento, 2018.

ALVES, Nilda. Sobre movimentos das pesquisas nos/dos/com os cotidianos. *Teias*, Rio de Janeiro, ano 4, n. 7-8, jan./dez. 2003.

BARBIER, René. *A pesquisa-ação*. Brasília, DF: Liber Livro Editora, 2004.

BARBOSA, Maria Carmen Silveira; CRUZ, Silvia Helena Vieira; FOCHI, Paulo Sergio; OLIVEIRA, Zilma de Moraes Ramos de. O que é básico na Base Nacional Comum Curricular para a Educação Infantil? *Revista Debates em Educação*, Maceió, v. 8, n. 16, jul./dez. 2016. Disponível em: https://doi.org/10.28998/2175-6600.2016v8n16p11. Acesso em: 16 jan. 2019.

BARDIN, Laurence. *Análise de conteúdo*. Trad. Luís Antero Reto e Augusto Pinheiro. São Paulo: Edições 70, 2011.

BRANDÃO, Carlos Rodrigues. Círculo de cultura. *In*: STRECK, Danilo R.; REDIN, Euclides; ZITKOSKI, Jaime José (org.). *Dicionário Paulo Freire*. 3. ed. Belo Horizonte: Autêntica, 2017.

BRASIL. Câmara dos Deputados. Centro de Documentação e Informação. *Decreto-lei n. 8.530, de 2 de janeiro de 1946*. Lei Orgânica do Ensino Normal. Diário Oficial da União, 208, Seção 1, 4 de janeiro de 1946, página 116. Disponível em: https://www2.camara.leg.br/legin/fed/declei/1940-1949/decreto-lei-8530-2-janeiro--1946-458443-publicacaooriginal-1-pe.html. Acesso em: 5 jul. 2020.

BRASIL. Câmara dos Deputados. Centro de Documentação e Informação. *Lei n. 4.024, de 20 de dezembro de 1961*. Fixa as Diretrizes e Bases da Educação Nacional. Disponível em: https://www2.camara.leg.br/legin/fed/lei/1960-1969/lei--4024-20-dezembro-1961-353722-normaatualizada-pl.html. Acesso em: 5 jul. 2020.

BRASIL. Ministério da Educação. *Lei Federal n. 5.692, de 11 de agosto de 1971*. Fixa diretrizes e bases para o ensino de 1° e 2° graus, e dá outras providências. Disponível em: https://www.planalto.gov.br/ccivil_03/leis/l5692.htm Acesso em: 25 jun. 2020.

REFERÊNCIAS

BRASIL. Presidência da República. Casa Civil. Subchefia para Assuntos Jurídicos. *Lei n. 9.394, de 20 de dezembro de 1996*. Estabelece as Diretrizes e Bases da Educação Nacional. Brasília, DF., 1996. Disponível em: http://www.planalto.gov.br/ccivil_03/leis/l9394.htm. Acesso em: 25 set. 2019.

BRASIL. Conselho Nacional de Educação. Conselho pleno. *Resolução CNE/CP n. 1, de 15 de maio de 2006*. Institui Diretrizes Curriculares Nacionais para o curso de graduação em Pedagogia, licenciatura. Diário Oficial da União, Brasília, DF. Publicado em 16 de maio de 2006, Seção 1, p. 11. Disponível em: http://portal.mec.gov.br/cne/arquivos/pdf/rcp01_06.pdf. Acesso em: 22 ago. 2020.

BRASIL. Ministério da Educação. Conselho Nacional de Educação. Câmara de Educação Básica. *Resolução CNE/CEB n. 5, de 17 de dezembro de 2009*. Fixa as Diretrizes Curriculares Nacionais para a Educação Infantil. Diário Oficial da União, Brasília, DF. Publicado em 18 de dezembro de 2009, Seção 1, p. 18. 2009. Disponível em: http://portal.mec.gov.br/index.php?option=com_docman&view=download&alias=-2298-rceb005-09&category_slug=dezembro-2009-pdf&Itemid=30192. Acesso em: 6 set. 2020

BRASIL. Secretaria Geral da Presidência da República. *Lei n. 12.796, de 4 de abril de 2013*. Altera a Lei n. 9.394, de 20 de dezembro de 1996, estabelece as diretrizes e bases da educação nacional, para dispor sobre a formação dos profissionais da educação e dar outras providências. Diário Oficial da União, publicado em 5 de abril de 2013, versão certificada. Disponível em: https://pesquisa.in.gov.br/imprensa/jsp/visualiza/index.jsp?jornal=1&data=05/04/2013&pagina=1. Acesso em: 6 set. 2020.

BRASIL. Ministério da Educação. Conselho Nacional de Educação. Conselho Pleno. *Resolução CNE/CP n. 2, de 1º de julho de 2015*. Define as Diretrizes Curriculares Nacionais para a formação inicial em nível superior (cursos de licenciatura, cursos de formação pedagógica para graduados e cursos de segunda licenciatura) e para a formação continuada. Disponível em: http://portal.mec.gov.br/docman/agosto--2017-pdf/70431-res-cne-cp-002-03072015-pdf/file Acesso em: 2 fev. 2020.

BRASIL. Ministério da Educação. Secretaria de Educação Básica. *Base Nacional Comum Curricular*. Etapa da Educação Infantil – BNCC-EI. Versão final, 2018. Disponível em: http://basenacionalcomum.mec.gov.br/images/BNCC_EI_EF_110518_versaofinal_site.pdf. Acesso em: 18 fev. 2020.

BRASIL. Ministério da Educação. Conselho Nacional de Educação. Conselho Pleno. *Resolução CNE/CP n. 1, de 27 de outubro de 2020*. Dispõe sobre as Diretrizes Curriculares Nacionais para a Formação Continuada de Professores da Educação Básica e institui a Base Nacional Comum para a Formação Continuada de Professores da Educação Básica (BNC – Formação Continuada). Disponível em: https://normativasconselhos.mec.gov.br/normativa/view/CNE_RES_CNECPN12020.pdf?-query=Educacao%20Ambiental. Acesso em: 18 jan. 2023.

CAMPOS, Maria Malta (coord.); ESPOSITO, Yara Lúcia; ROSEMBERG, Fúlvia; ANDRADE, Dalton Francisco de; UNBEHAUM, Sandra; GIMENES, Nelson; BHERING, Eliana; ABUCHAIM, Beatriz. *Educação Infantil no Brasil*: avaliação qualitativa e quantitativa. Relatório Final. Fundação Carlos Chagas. Banco Interamericano de Desenvolvimento, nov. de 2010. Disponível em: https://www.fcc.org.br/pesquisa/eixostematicos/educacaoinfantil/pdf/relatorio_final.pdf. Acesso em: 30 out. 2020.

CARA, Daniel. O que Paulo Freire e Anísio Teixeira diriam sobre a BNCC. *In*: CÁSSIO, Fernando; CATELLI JR., Roberto (org.). *Educação é a base?* 23 educadores discutem a BNCC. São Paulo: Ação Educativa, 2019.

CORSARO, William Arnold. *Sociologia da infância*. 2. ed. Porto Alegre: Artmed, 2002.

CONTRERAS, José. *A autonomia de professores*. 2. ed. São Paulo: Cortez, 2012.

DICIO. *Dicionário online de português*. 2021. Disponível em: https://www.dicio.com.br. Acesso em: 5 dez. 2021

DUNKER, Christian. *Como aprender a escutar o outro?* Youtube, 4 jul. 2017. Disponível em: https://www.youtube.com/watch?v=Zo-jk4kVtE8. Acesso em: 10 jun. 2018.

EDWARDS, Carolyn; GANDINI, Lella; FORMAN, George (org.). *As cem linguagens da criança*: a experiência de Reggio Emilia em transformação. Porto Alegre: Penso, 2016.

FRANCO, Maria Amélia do Rosário Santoro. Pedagogia da pesquisa-ação. *Educação e Pesquisa*, São Paulo, v. 31, n. 3, set./dez. 2005. Disponível em: https://core.ac.uk/download/pdf/268270849.pdf. Acesso em: 12 dez. 2021.

FRANCO, Maria Amélia do Rosário Santoro. *Pedagogia e prática docente*. São Paulo: Cortez, 2012.

FRANCO, Maria Amélia do Rosário Santoro. Pesquisa-ação pedagógica: práticas de empoderamento e participação. *Educação Temática Digital - ETD*, Campinas, n. 18, v. 2, abr./jun. 2016.

FRANCO, Maria Amélia Santoro; BETTI, Mauro. Pesquisa-ação: por uma epistemologia de sua prática. *In*: FRANCO, Maria Amélia Santoro; PIMENTA, Selma Garrido (org.). *Pesquisa em educação*: a pesquisa-ação em diferentes feições colaborativas. São Paulo: Loyola, 2018.

FREIRE, Ana Maria Araujo. Verbete: Inédito viável. *In*: STRECK, Danilo R.; REDIN, Euclides; ZITKOSKI, Jaime José (org.). *Dicionário Paulo Freire*. Belo Horizonte: Autêntica, 2017.

FREIRE, Paulo; FAUNDEZ, Antonio. *Por uma pedagogia da pergunta*. Rio de Janeiro: Paz e Terra, 1985.

FREIRE, Paulo. *Pedagogia da indignação*: cartas pedagógicas e outros escritos. São Paulo: Editora Unesp, 2000.

FREIRE, Paulo. *Política e educação*. 5. ed. São Paulo: Cortez, 2001.

FREIRE, Paulo. *Pedagogia da autonomia*. 23. ed. São Paulo: Paz e Terra, 2002.

FREIRE, Paulo; SHOR, Ira. *Medo e ousadia*: o cotidiano do professor. 13. ed. São Paulo: Paz e Terra, 2011.

FREIRE, Paulo. *Professora, sim; tia,* não: cartas a quem ousa ensinar. 62. ed. Rio de Janeiro: Paz e Terra, 2012.

FREIRE, Paulo. *Pedagogia do oprimido*. 62. ed. Rio de Janeiro: Paz e Terra, 2016.

FREIRE, Paulo. *Pedagogia da Esperança*: um reencontro com a Pedagogia do Oprimido. Rio de Janeiro: Paz e Terra, 2020.

FREITAS, Luiz Carlos de. Os reformadores empresariais da educação e a disputa pelo controle do processo pedagógico na escola. *Revista Educação & Sociedade*, Campinas, v. 35, n. 129, out./dez. 2014.

FREITAS, Ana Lúcia Souza de. Verbete: Utopia. *In*: STTECK, Danilo R.; REDIN, Euclides; ZITKOSKI, Jaime José (org.). *Dicionário Paulo Freire*. Belo Horizonte: Autêntica, 2017.

GATTI, Bernadete Angelina; BARRETO, Elba Siqueira de Sá; ANDRÉ, Marli Eliza Dalmazo Afonso de; ALMEIDA, Patrícia Cristina Albieri de. *Professores do Brasil*: novos cenários de formação. Brasília, DF: Edições Unesco, 2019.

IBGE. *IBGE Educa Jovens*. Cor ou Raça. Disponível em: https://educa.ibge.gov.br/jovens/conheca-o-brasil/populacao/18319-cor-ou-raca.html. Acesso em: 1º fev. 2023.

IMBERNÓN, Francisco. *Formação docente e profissional*: formar-se para a mudança e a incerteza. 8. ed. São Paulo: Cortez, 2010.

IMBERNÓN, Francisco. Qualidade do ensino e formação do professorado: uma mudança necessária. Trad. Silvana Cobucci Leite. São Paulo: Cortez, 2016.

KISHIMOTO, TIzuko Morchida. Política de formação profissional para a educação infantil: Pedagogia e Normal Superior. *Educação & Sociedade*, Campinas XX, n. 68, p. 61-79, dez. 1999.

KUHLMANN JÚNIOR, Moysés. *Infância e Educação Infantil*: uma abordagem histórica. 5. ed. Porto Alegre: Mediação, 2010.

LIBÂNEO, José Carlos; OLIVEIRA, João Ferreira de; TOSHI, Mirza Seabra. *Educação escolar*. Políticas, estrutura e organização. 10. ed. São Paulo: Cortez, 2012.

LIBÂNEO, José Carlos. Formação de professores e didática para desenvolvimento humano. *Educação e Realidade*. Porto Alegre, v. 40, n. 2, abr./jun. 2015. Disponível em: https://www.scielo.br/pdf/edreal/v40n2/2175-6236-edreal-46132.pdf. Acesso em: 10 jan. 2019.

LINO, Lucilia Augusta. Base Nacional Comum da Formação como proposta de desmonte e descaracterização da formação. *In*: CRUZ, Giseli Barreto da; FERNANDES, Claudia; FONTOURA, Silvana Mesquita. *Didática(s) entre diálogos, insurgências e políticas*. Rio de Janeiro: Faperj; CNPq; Capes; Endipe/DP et al. 2020.

MINAYO, Maria Cecília de Souza. Trabalho de campo: contexto de observação, interação e descoberta. *In*: MINAYO, Maria Cecília de Souza; GOMES, Suely Ferreira Deslandes (org.). *Pesquisa social*: teoria, método e criatividade. Petrópolis: Vozes, 2011.

MORROW, Raymond Allen; TORRES, Carlos Alberto. Jurgen Habermas, Paulo Freire e a pedagogia crítica: novas orientações para a educação comparada. *Revista Educação, Sociedade & Culturas*, Porto, n. 10, 1998.

MUHL, Edson Henrique. Verbete: Problematização. *In*: STRECK, Danilo R.; REDIN, Euclides; ZITKOSKI, Jaime José (org.). *Dicionário Paulo Freire*. Belo Horizonte: Autêntica, 2017.

NOGUEIRA, Simone do Nascimento. *Coordenador Pedagógico*: uma identidade em construção. Dissertação (Mestrado em Educação) – Universidade Católica de Santos, Santos, 2013.

NOGUEIRA, Simone do Nascimento. *Escuta pedagógica*: uma possibilidade formativa de ressignificação da prática docente na educação infantil. Tese (Doutorado em Educação) – Universidade Católica de Santos, Santos, 2021.

NÓVOA, António. O passado e o presente dos professores. *In*: NÓVOA, António (org.). *Profissão professor*. 2. ed. Porto: Porto Editora, 2014.

NÓVOA, António. Os professores e a sua formação num tempo de metamorfose da escola. *Educação e Realidade*, Porto Alegre, v. 44, n. 3, set. 2019. Disponível em: https://doi.org/10.1590/2175-623684910. Acesso em: 2 dez. 2020

OLIVEIRA, Zilma de Moraes Ramos de. *Educação infantil*: fundamentos e métodos. 7. ed. São Paulo: Cortez, 2011.

OLIVEIRA-FORMOSINHO, Júlia; KISHIMOTO, Tizuko Morchida; PINAZZA, Mônica Appezzato (org.). *Pedagogia(s) da infância*: dialogando com o Passado. Construindo o futuro. Porto Alegre: Artmed, 2007.

OSOWSKI, Cecília Irene. Verbete: Situações-limites. *In*: STRECK, Danilo R.; REDIN, Euclides; ZITKOSKI, Jaime José (org.). *Dicionário Paulo Freire*. Belo Horizonte: Autêntica, 2017.

PARALAPRACA. Formação para a escuta de crianças. *Programa Paralapracá. Avante – Educação e Mobilização Social*. 2017. Disponível em https://www.youtube.com/watch?v=qIUJIeG56io. Acesso em: 10 maio 2020.

PASSEGGI, Maria da Conceição. Nada para a criança, sem a criança: o reconhecimento de sua palavra para a pesquisa (auto)biográfica. *In*: MIGNHOT, Ana Chrystina; SAMPAIO, Carmen S.; PASSEGGI, Maria da Conceição. *Infância, aprendizagem, exercício da escrita*. Curitiba: Ed. CRV, 2014.

REFERÊNCIAS

PEREIRA, Elisabete Monteiro de Aguiar. Professor como pesquisador: o enfoque da pesquisa-ação na prática docente. *In*: GERALDI, Corina Maria Grisolia; FIORENTINI, Dario; PEREIRA, Elisabete Monteiro de Aguiar (org.). *Cartografia do trabalho docente*: professor(a) pesquisador(a). São Paulo: Mercado das Letras, 1998.

PIMENTA, Selma Garrido. Professor pesquisador: mitos e possibilidades. *Revista Contrapontos*. Itajaí, v. 5, n. 1, jan./abr. 2005.

PIMENTA. Selma Garrido. Professor reflexivo: construindo uma crítica. *In*: PIMENTA, Selma Garrido; GHEDIN, Evandro (org.). *Professor reflexivo no Brasil*: gênese e crítica de um conceito. 7. ed. São Paulo: Cortez, 2012.

PIMENTA, Selma Garrido. *Saberes pedagógicos e atividade docente*. 7. ed. São Paulo: Cortez, 2009.

PIMENTA, Selma Garrido; LIMA, Maria do Socorro Lucena. *Estágio e docência*. 8. ed. São Paulo: Cortez, 2017.

PIMENTA, Selma Garrido; FUSARI, José Cerchi; PEDROSO, Cristina Cinto Araujo; DOMINGUES, Isaneide; GOMES, Marineide de Oliveira; BELLETATI, Valéria Cordeiro Fernandes; LIMA, Vanda Moreira Machado; PINTO, Umberto de Andrade. Os cursos de Licenciatura em Pedagogia: fragilidades na formação inicial do professor polivalente. *In*: SILVESTRE, Magali Aparecido; PINTO, Umberto de Andrade (org.). *Curso de Pedagogia*: avanços e limites após as Diretrizes Curriculares Nacionais. São Paulo: Cortez, 2017a.

PINAZZA, Mônica Appezzato. Jonh Dewey: inspirações para uma pedagogia da infância. *In*: OLIVEIRA-FORMOSINHO, Júlia; KISHIMOTO, Tizuko Morchida; PINAZZA, Mônica Appezzato (org.). *Pedagogia(s) da infância:* dialogando com o passado, construindo o futuro. Porto Alegre: Artmed, 2007.

PUIGGRÓS, Adriana. Paulo Freire e os novos imaginários pedagógicos latino-americanos. *In*: APPLE, Michael W.; NÓVOA, António. *Paulo Freire*: política e pedagogia. Porto: Porto Editora, 1998.

RINALDI, Carla. Pedagogia da escuta. *In*: EDWARDS, Carolyn; GANDINI, Lella; FORMAN, George (org.). *As cem linguagens da criança*: a experiência de Reggio Emilia em transformação. Porto Alegre: Penso, 2016.

SACRISTÁN, José Gimeno. Dez teses sobre a aparente utilidade das competências em educação. *In*: SACRISTÁN, José Gimeno. *Educar por competências*: o que há de novo? Porto Alegre: Artmed, 2011.

SACRISTÁN, José Gimeno. Consciência e ação sobre a prática como libertação profissional dos professores. *In*: NÓVOA, António. *Profissão professor*. 2. ed. Porto: Porto Editora, 2014.

SAUL, Ana Maria. Verbete: Escutar. *In*: STRECK, Danilo R.; REDIN, Euclides; ZITKOSKI, Jaime José (org.). *Dicionário Paulo Freire*. Belo Horizonte: Autêntica, 1998.

SAUL, Ana Maria; SILVA, Antonio Gouvêa da. A matriz de pensamento de Paulo Freire: um crivo de denuncia-anúncio de concepções e práticas curriculares. *Revista e-Curriculum*, São Paulo, v. 12, n. 3, out./dez. 2014.

SAUL, Ana Maria. *Paulo Freire:* uma prática docente a favor da educação crítico-libertadora. São Paulo: Educ, 2017. (Coleção Sapientia, Grandes Mestres da PUC-SP)

SAVIANI, Dermeval. *A pedagogia no Brasil*. Campinas: Autores Associados, 2008.

SAVIANI, Dermeval. Formação de professores: aspectos históricos e teóricos do problema no contexto brasileiro. *Revista Brasileira de Educação*. Associação Nacional de Pós-Graduação e Pesquisa em Educação – ANPEd, Rio de Janeiro, n. 40, jan./abr. 2009.

SAVIANI, Dermeval. Formação de professores no Brasil: dilemas e perspectivas. *Poiésis Pedagógica*, Catalão, v. 9, n. 1, p. 7-19, jan./jun. 2011.

SCHILKE, Ana Lucia Tarouquela. *Palavras (ocas) o vento leva...* As dimensões da escuta, do diálogo e da deliberação no estudo da participação infantil a partir da representação estudantil em uma escola pública municipal. 2017. Tese (Doutorado em Educação) – Universidade Federal Fluminense, Rio de Janeiro, 2017.

SILVA, Cacio Romualdo Conceição da. *A queixa escolar na educação infantil*: uma incursão em uma sala de aula de uma escola popular na cidade do Salvador. 2016. Dissertação (Mestrado em Educação) – Universidade Federal da Bahia, Salvador, 2016.

SILVA, Célia Regina da. *Análise da dinâmica de formação do caráter e a produção da queixa escolar na educação infantil*: contribuições à luz da psicologia histórico-cultural e da pedagogia histórico-crítica. 2017a. Tese (Doutorado em Educação Escolar) – Universidade Estadual Paulista, Araraquara, 2017.

TORRES, Carlos Alberto. A pedagogia política de Paulo Freire. *In*: *Paulo Freire*: política e pedagogia. Porto: Porto Editora, 1998.

TRIPP, David. Pesquisa-ação: uma introdução metodológica. *Educação e Pesquisa*, São Paulo, v. 31, n. 3, set./dez. 2005. Disponível em: https://www.scielo.br/j/ep/a/3DkbXnqBQqyq5bV4TCL9NSH/?format=pdf&lang=pt. Acesso em: 12 dez. 2022.

ZANATTA, Beatriz Aparecida. *O método intuitivo e a percepção sensorial como legado de Pestalozzi para a geografia escolar*. Cad. Cedes, Campinas, v. 25, n. 66, p. 165-184, maio/ago. 2005. Disponível em: https://www.scielo.br/j/ccedes/a/NCMKcw5T7Ff3xc3vRRyK7Nm/?lang=pt. Acesso em: 9 jan. 2022.

ZEICHNER, Kenneth M.; DINIZ-PEREIRA, Júlio Emílio. Pesquisa dos educadores e formação docente voltada para a transformação social. *Cadernos de Pesquisa*, São Paulo, v. 35, n. 125, 2005. Disponível em: http://educa.fcc.org.br/scielo.php?script=sci_abstract&pid=S0100-15742005000200005&lng=es&nrm=iso. Acesso em: 30 out. 2022.

ZITKOSKI, Jaime José. Verbete: Diálogo/Dialogicidade. *In*: STRECK, Danilo R.; REDIN, Euclides; ZITKOSKI, Jaime José (org.). *Dicionário Paulo Freire*. Belo Horizonte: Autêntica, 2017.

Foto: Beatriz Ramalho

Simone do Nascimento Nogueira é doutora e mestre em Educação pela Universidade Católica de Santos (UniSantos), com orientação de Maria Amélia do Rosário Santoro Franco. Graduada e licenciada em Matemática e Ciências na mesma instituição, pedagoga pela Faculdade Don Domênico e pós-graduada em Psicopedagogia pela Universidade Nova Iguaçu. Foi aluna de escola pública e nela constituiu carreira por mais de 25 anos. Atuou na educação básica na Rede SESI de Ensino e na Secretaria de Educação do Estado de São Paulo como professora de matemática e ciências, e ocupou cargo de coordenadora pedagógica no Ensino Fundamental e na Educação Infantil. Experiência na docência do ensino superior em curso de Pedagogia e em cursos e palestras voltados para a formação continuada de educadores. Como pesquisadora, desenvolve estudos sobre Formação Docente, Educação Infantil e Gestão Escolar com base nos seguintes recortes: a pedagogia crítica freiriana na formação do professor polivalente, práticas pedagógicas no âmbito da Educação Básica, pesquisa-ação na formação docente do professor polivalente e na coordenação pedagógica. Integrante dos grupos de pesquisa, Pedagogia Crítica: Práticas e Formação, da Universidade Católica de Santos em Docência na Educação Básica e Ensino Superior da Faculdade de Educação da Universidade Federal de Uberlândia.